그린도토리의
숲속 동물 손뜨개

그린도토리의
숲속 동물 손뜨개

명주현 지음

한스미디어

시작하며

이 책은 숲속 동물을 테마로 모티브뜨기와 인형뜨기로 구성되어 있습니다. 나무, 다람쥐, 여우, 너구리, 곰, 사슴 등 숲속에서 볼 수 있는 동물과 자연 소재의 도안으로 모티브를 뜨고 여러 조각을 연결하여 가방과 쿠션, 담요를 만들거나 작은 인형을 만들 수 있도록 도안을 정리하였습니다.

모티브뜨기는 손뜨개의 기본인 겉뜨기와 안뜨기만으로 모티브 조각을 뜨고 여러 조각들을 연결하여 넓은 편직물을 만들어 쿠션, 블랭킷 등을 만들 수 있습니다. 무늬에 따라 실을 가로로 걸쳐 뜨거나 세로로 걸어 뜨고 특별한 무늬가 아니어도 다양한 색실을 사용하여 한 장씩 모티브를 떠서 연결해도 멋진 아이템으로 완성할 수 있습니다. 모티브뜨기는 쉽고 간단히 즐길 수 있는 아이템이에요. 자기 전 또는 무엇인가에 몰입하고 싶을 때 짧은 시간 집중해서 완성하는 즐거움을 느껴보세요.

인형뜨기는 가는 바늘로 작은 사이즈의 인형을 뜨는 도안입니다. 숲속 소재, 동물 얼굴, 숲속 친구들은 세 단계 난이도로 설정되어 있습니다. 뜨개질로 완성한 인형들을 방안에 두고 눈으로만 즐기기는 아쉬우니 옷과 가방 등 지니고 다닐 수 있는 소품으로 만들어서 항상 함께한다면 더욱 즐거움이 클 것 같아요. 또 여러 인형을 모아서 다양한 인테리어 소품으로 활용이 가능하니 마지막 파트의 소품 만들기 부분을 참고해주세요.

저에게 손뜨개는 다른 분야에 비해 어려울 것 같아서 시작하기까지 많은 시간이 걸렸던 분야입니다. 하지만 단순히 생각하면 코를 만들어 겉뜨기와 안뜨기를 하고, 코를 늘리고 줄이고 코를 마무리하는 방법만 알면 특별히 어려운 기법을 사용하지 않아도 손뜨개를 충분히 즐길 수 있습니다. 가로 배색, 세로 배색이 헷갈려서 모티브 뒷면이 조금 지저분해도 괜찮아요. 기법이 조금 틀려도 콧수만 맞게 뜬다면 완성하는 데 문제없어요. 이 책을 통해 다양한 도안을 활용하여 연습하고 반복하면서 손뜨개의 매력에 흠뻑 빠져보세요.

그린도토리 명주현

목차

4 　시작하며

× CHAPTER 01 ×
**손뜨개를
시작하기 전에**

12　책 활용법
14　도안 보는 법
18　재료와 도구

× CHAPTER 02 ×
**손뜨개
기초 수업**

22　기본뜨기
　　기본코 만들기 22 × 감아코 만들기 24 × 겉뜨기 25 × 안뜨기 26
　　메리야스뜨기·가터뜨기·멍석뜨기·고무뜨기 29

30　코 늘리고 줄이기
　　코 늘리기 30 × 왼코 만들기 32 × 오른코 만들기 33
　　겉뜨기로 2코 모아뜨기 34 × 겉뜨기로 3코 모아뜨기 34
　　안뜨기로 2코 모아뜨기 35 × 안뜨기로 3코 모아뜨기 35
　　오른코 줄이기 36

38　배색뜨기
　　페어아일 38 × 인타르시아 41

44　응용뜨기
　　아이코드뜨기 44 × 겉뜨기로 코줍기 45 × 랩앤턴 46

50　코마무리
　　코막음 50 × 코조임 52 × 아이코드 코막음 54
　　아이코드 테두리 만들기 56 × 편물 잇기 60

62　조립과 장식하기
　　솜 채우기 62 × 조립하기 63 × 입체감 표현 65 × 자수 기법 67
　　콧수염 69 × 미니 볼 70 × 미니 퐁퐁 71 × 실 마무리하기 72

× CHAPTER 03 ×
모티브뜨기

77　모티브 연습하기: 미니 매트
82　여우 얼굴 파우치
86　잔꽃 무늬 손가방
90　여우 쿠션
94　민들레 포인트 쿠션
100　숲속 동물 친구들 쿠션
108　숲속 동물 친구들 블랭킷

× CHAPTER 04 ×
인형뜨기

118 숲속 소재들
  숲속 나무들 119 × 빨간 버섯들 130
  그린도토리 134 × 블랙베리 138 × 꿀벌 친구 142 × 땅속 요정 146

152 동물 얼굴들
  동글동글 곰 얼굴 153 × 새침한 여우 얼굴 158
  개구쟁이 너구리 얼굴 166 × 양 볼 빵빵 다람쥐 얼굴 170

174 숲속 친구들
  미니 다람쥐와 토끼 175 × 줄무늬 꼬리 너구리 180
  붉은 여우 186 × 숲속의 곰 190 × 초롱 눈망울의 꽃사슴 198

× CHAPTER 05 ×
소품 만들기

214 브로치 만들기
216 백참 만들기
218 동물 손가락 인형 만들기
220 리스 만들기
222 크리스마스 오너먼트 만들기
224 모빌 만들기

× 01 ×
책 활용법

일러두기

1 이 책에서는 차트 도안과 서술 도안 두 가지 타입의 도안을 사용하고 있습니다. 차트 도안은 모티브뜨기, 서술 도안은 인형뜨기에서 사용하고 있습니다.

2 뜨개법과 기호는 국가별, 도안을 만드는 사람마다 조금씩 다르게 사용할 수 있으므로 손뜨개 기초 수업의 내용을 확인 후 작업을 진행해주세요.

3 모티브뜨기에서 사용되는 실은 기호별로 색실이 고정되어 있고 인형뜨기는 도안별로 기호의 색실이 다릅니다.

4 게이지는 보통 10×10cm 안의 코와 단의 수를 세지만 인형뜨기의 경우, 인형 사이즈가 작아서 5×5cm 안의 게이지를 기준으로 표시하고 있습니다

5 이 책의 도안은 모두 평뜨기로 작업을 진행합니다. 평뜨기는 편물을 앞뒤로 돌려가면서 뜨는 방법입니다.

6 소품 만들기는 인형뜨기의 작업물로 다양한 소품으로 활용하는 방법을 소개합니다.

7 완성품 크기와 사용하는 실의 양은 만드는 사람에 따라 오차가 있을 수 있습니다.

게이지 이해하기

게이지는 일반적으로 편물의 10cm 안의 코와 단의 수를 말합니다. 게이지는 같은 실과 바늘을 사용해도 사람마다 힘 조절이 다르기 때문에 조금씩 차이가 납니다. 작품마다 게이지를 표시하고 있어서 같은 사이즈의 작품을 뜨고 싶을 때는 테스트로 편물을 뜬 뒤 게이지를 비교하여 작업을 진행하면 좋습니다.

도안 응용하기

같은 도안을 사용해도 각기 다른 굵기의 바늘과 실을 사용하면 완성품의 사이즈와 느낌이 달라집니다. 인형뜨기 둥근 나무를 참고하여 느낌을 비교해 보세요.

아래 설명된 실 이외에도 모티브뜨기에 사용하는 실과 바늘을 사용해도 좋아요. 특히 처음 손뜨개를 시작하는 분들은 인형뜨기를 할 때 도안에 표시된 3mm 바늘과 피카소울 6ply보다 4mm 바늘과 피카소울 10ply 실을 사용하면 조금 더 쉽게 즐길 수 있어요.

바늘 2.5mm
실 피카소울 6ply 2mm
게이지 16코×22단 (5×5cm)
완성 사이즈 4×6cm

바늘 3mm
실 피카소울 6ply 2mm
게이지 13코×19단 (5×5cm)
완성 사이즈 4.5×7cm

바늘 4mm
실 피카소울 10ply 3.5mm
게이지 12코×15단 (5×5cm)
완성 사이즈 5.5×9cm

바늘 5mm
실 피카소울 10ply 3.5mm
게이지 10코×13단 (5×5cm)
완성 사이즈 6.5×10cm

영문 도안

영문 도안은 영문 약어로 표기된 서술형 도안입니다. 영문 도안을 볼 수 있으면 전 세계 작가의 도안을 구입하거나 무료 도안을 볼 수 있기 때문에 손뜨개를 더욱 폭넓게 즐길 수 있습니다. 이 책을 통해 서술 도안의 흐름을 파악하고 영문 뜨개법의 약어를 익힌다면 쉽게 영문 도안을 볼 수 있습니다.

> **TIP**
>
> **영문 도안 뜨개법 참고 사이트**
>
> **니팅 헬프** https://www.knittinghelp.com/video/index
> 영문 도안 뜨개법에 대해서는 니팅 헬프 웹 사이트를 통해 영상으로 확인 할 수 있어서 많은 도움이 됩니다.

> **TIP**
>
> **영문 무료 도안 및 구매**
>
> **래블리** http://www.ravelry.com
> 도안을 구입, 판매할 수 있는 사이트입니다. 도안을 무료 또는 유료로 구입하여 pdf 형태로 다운로드 받을 수 있습니다. 회원 가입 후 메뉴에서 패턴 검색 창에 키워드를 검색하여 원하는 디자인의 도안을 선택 후 페이팔paypal로 결제하면 구입 가능합니다.

× 02 ×
도안 보는 법

이 책은 모티브뜨기와 인형뜨기로 구분되어 있습니다. 모티브뜨기는 다양한 색을 사용하는 화려한 패턴이 많기 때문에 무늬를 한눈에 파악 하기 쉬운 차트 도안을 사용하고 있습니다. 반면에 인형뜨기는 뜨개법을 흐름에 따라 읽으면서 뜨는 서술 도안으로 설명하고 있어서 책을 통해 두 가지 도안을 모두 경험 할 수 있습니다.

차트 도안

차트 도안은 뜨개법 기호와 컬러 패턴을 간단히 기록하여 편물이 완성될 모습과 복잡한 무늬와 컬러를 한눈에 파악하기 쉽습니다. 하지만 도안이 겉면 기준으로 기호가 표시되기 때문에 안쪽면에서는 겉면에서 보여지는 무늬를 생각하면서 작업을 진행해야 합니다. 예를 들어 메리야스뜨기일 경우 차트 도안에서는 모두 겉뜨기로 표시되어 있지만 안쪽면에서는 별도의 표시가 없어도 겉면에서 겉뜨기로 보이게끔 안뜨기로 작업을 진행해야 합니다.

차트 도안은 통일된 기호 체계가 없어서 국가별 또는 도안을 만드는 사람마다 사용하는 기호가 다를 수 있습니다. 작업을 시작하기 전 이 책의 차트 도안 포인트 내용을 확인해주세요.

차트 도안 포인트

1 첫 단은 기본코가 아니다.

2 네모 1칸이 1코이다. 가로 숫자는 코의 수, 세로 숫자는 단수이다.

3 이 책에서는 평뜨기가 기본뜨개로 홀수 단은 도안의 오른쪽에서 시작하고, 짝수 단은 도안의 왼쪽부터 시작한다.

4 이 책에서 차트 도안은 메리야스뜨기가 기본 뜨개이다. 특별한 지시 사항이 없을 경우 홀수단은 겉뜨기, 짝수단은 안뜨기를 한다.

5 배색 무늬를 파악하기 쉽게 차트 도안에서 겉뜨기 기호는 생략하여 표시한다.

6 각 칸의 색을 확인하고 사용하는 색의 실을 사용한다.

차트 도안 읽기

뜨개법 기호

기호	용어
│	겉뜨기
─	안뜨기
●	코막음

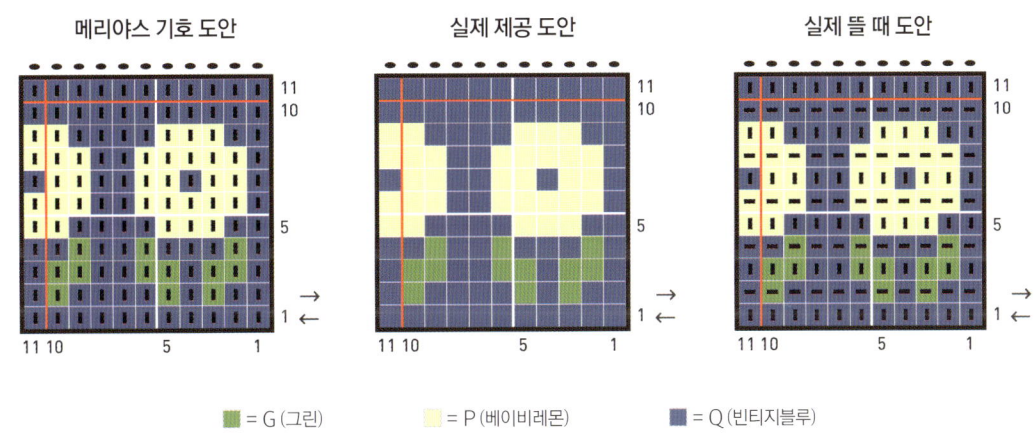

■ = G (그린)   ■ = P (베이비레몬)   ■ = Q (빈티지블루)

예시처럼 차트 도안은 겉면 기준으로 기호를 표시합니다. 하지만 실제 제공되는 도안은 배색 무늬를 확인하기 쉽게 겉뜨기를 별도로 표시하지 않았습니다. 실제로 뜰 때에는 홀수 단은 겉뜨기, 짝수 단은 안뜨기로 생각하면서 작업을 진행해야 합니다.

서술 도안

서술 도안의 경우 단수 별로 뜨개법과 콧수를 확인하면서 차례대로 작업을 하면 되기 때문에, 안쪽 면을 작업할 때 따로 변환하지 않고 도안에 있는 내용만 확인하면서 작업을 진행하면 됩니다. 하지만 완성될 편물의 이미지를 알 수 없는 답답함이 있습니다. 그래서 이 책에서는 인형 부위별 도안의 완성 이미지를 일러스트로 제공하여 대략적인 느낌을 파악할 수 있게 도왔습니다.

서술 도안 포인트

1 보통 공통적으로 사용하는 용어와 약어를 사용하지만 국가별, 작가별로 표시하는 용어와 뜨개법이 조금씩 다를 수 있기 때문에 도안을 확인하기 전 뜨개법의 용어와 설명을 확인한다.

2 단수 별로 뜨개법과 콧수를 확인하면서 순서대로 작업을 진행한다.

3 *~* 반복되는 곳을 확인하여 *부터 *까지 작업을 반복한다.

4 '▲' 등의 그림 기호 부분을 마커로 체크하여 조립 시 참고한다.

5 서술 도안에서 '메리야스뜨기 3단'의 경우 특별히 지시 사항이 없을 때는 그 전이 안뜨기였으면 겉뜨기로, 겉뜨기였다면 안뜨기로 시작하면 됩니다. 특별한 경우는 '안뜨기로 시작, 메리야스뜨기 3단'으로 설명하고 있습니다.

6 서술 도안에서 한 단에 두 가지의 색을 사용하는 경우에만 색으로 구분 지어 표시합니다.

7 단 전체가 색이 변하는 경우도 있으니 서술된 내용을 꼼꼼하게 확인합니다.

뜨개법 용어 모음

용어	영문 용어	영문 약어	설명
기본코 만들기	cast on	CO	기본 코를 만드는 방법 =bind on
감아코 만들기	backwards loop cast on	blco	손가락에 실을 감아 코를 만드는 방법
겉뜨기	knit	k	겉뜨기하는 방법
안뜨기	purl	p	안뜨기하는 방법
메리야스뜨기	stocking stitch	st-st	겉뜨기와 안뜨기를 번갈아가면서 뜨는 방법
가터뜨기	garter stitch	g-st	겉뜨기만으로 편물을 만드는 방법
멍석뜨기	moss stitch	m-st	1단:겉1, 안1 2단:안1, 겉1 1,2단을 반복
고무뜨기	rib stitch	rib	1코 고무뜨기 1×1 rib, 2코 고무뜨기 2×2 rib
코 늘리기	knit front & back	kfb	코의 앞뒤를 겉뜨기하여 코를 늘리는 방법
왼코 만들기	make 1 left	m1l	왼쪽으로 기울어진 코가 만들어진다.
오른코 만들기	make 1right	m1r	오른쪽으로 기울어진 코가 만들어진다.
겉뜨기로 2코 모아뜨기	knit 2 sts together	k2tog	겉뜨기로 2코 모아뜨기
겉뜨기로 3코 모아뜨기	knit 3 sts together	k3tog	겉뜨기로 3코 모아뜨기
안뜨기로 2코 모아뜨기	purl 2 sts together	p2tog	안뜨기로 2코 모아뜨기
안뜨기로 3코 모아뜨기	purl 3 sts together	p3tog	안뜨기로 3코 모아뜨기
오른코 줄이기	slip, slip, knit	ssk	오른코를 줄이는 방법
페어아일	fair isle		가로 배색
인타르시아	intarsia		세로 배색
아이코드뜨기	i-cord		튜브 형태의 끈을 만드는 방법
겉뜨기로 코줍기	pick up and knit	puk	겉뜨기로 코를 줍는 방법
랩앤턴	wrap and turn	w&t	경사뜨기하는 방법
코막음	bind off	BO	코를 막아 마무리하는 방법 =cast off
코조임	b&t tightly	b&t	실을 여유 있게 남기고 잘라 모든 코를 통과시켜 단단히 조여 마무리한다.
편물잇기	seaming		편물의 시접을 잇는 방법
아이코드로 코막음	i-cord bind off		아이코드로 코막음하는 방법
아이코드 테두리	i-cord edging		아이코드로 생긴 튜브로 데두리를 장식하는 방법

✕ 이 책에서 사용하는 뜨개법만 표시하였습니다.

× 03 ×
재료와 도구

× 뜨개실

이 책에서는 주로 울 혼방 실을 사용합니다. 작품에 사용한 실은 모티브뜨기는 4mm, 인형뜨기는 2~3mm 굵기의 실을 사용했습니다. 각 도안에서 사용하는 실을 자세히 소개하고 있으니 참고해주세요.

× 뜨개 바늘

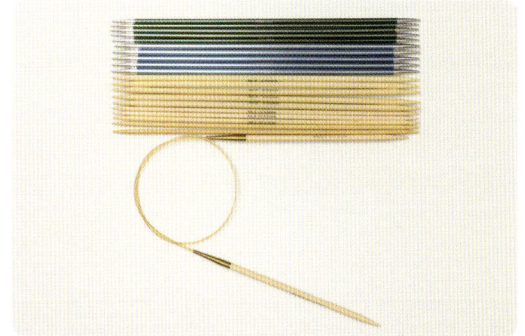

바늘의 소재는 금속, 나무, 플라스틱 등 다양합니다. 금속 바늘은 표면이 미끄러워 작업 속도를 높일 수 있고, 나무의 경우는 표면이 금속 보다는 약간 뻑뻑할 수 있어 코를 빠뜨리기 쉬운 초보자들이 사용하면 좋습니다. 작품의 사이즈에 따라 바늘 양쪽이 뾰족한 막대 바늘과 줄로 연결되어 있는 줄바늘을 선택하여 사용합니다. 줄의 길이는 다양하기 때문에 원하는 작품 사이즈에 맞는 길이로 구입하면 좋습니다. 이 책에서는 2.5, 3, 4, 5mm 막대 바늘과 60cm 줄 길이의 4mm 줄바늘을 사용하고 있습니다.

× 돗바늘

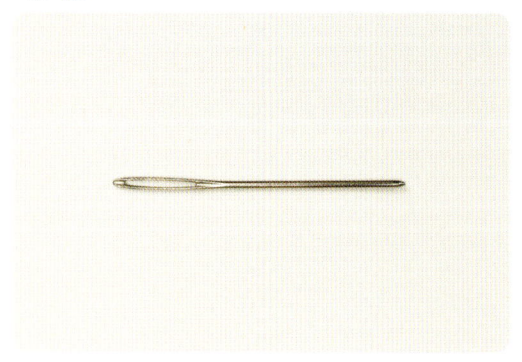

편물을 잇거나 실을 정리할 때 사용합니다. 일반 바느질용 바늘보다 굵고 바늘 귀도 커서 다양한 굵기의 실을 사용할 수 있습니다.

× 마커

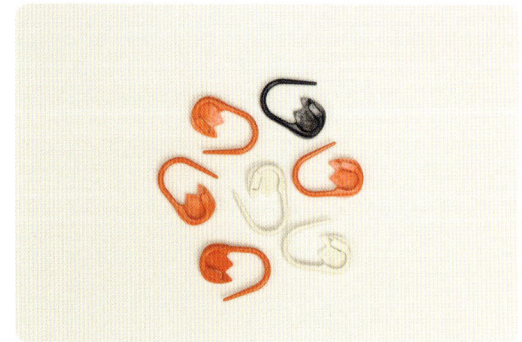

고리 형태의 도구입니다. 단이나 코의 위치를 표시할 때 사용합니다. 마커가 없으면 다른 색 실을 조금 잘라서 코에 묶어서 표시할 수 있습니다. 없어도 무방하지만 있으면 편리한 도구입니다.

× 시침핀

얼굴과 귀 또는 꼬리 등의 각 위치를 임의로 고정시킬 때 사용합니다.

× 가위

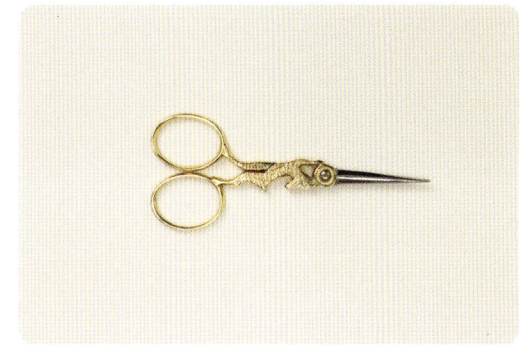

실을 자를 때 사용합니다. 자수용 작은 가위가 사용하기 편리합니다.

× 겸자

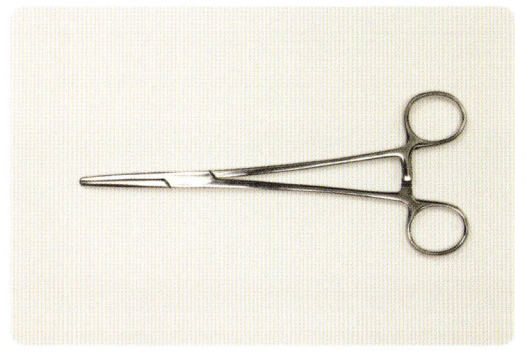

인형의 얼굴, 몸, 다리 등의 좁은 곳에 솜을 채워 넣어 형태를 잡을 때 사용합니다. 겸자가 들어가지 않는 작은 형태일 경우에는 막대 바늘 끝으로 솜을 콕콕 찔러 넣어 주세요.

× 자

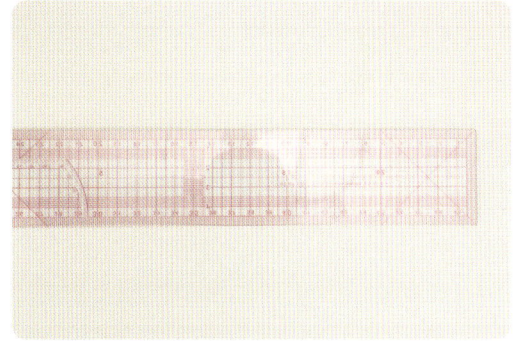

게이지를 확인하거나 편물의 길이를 잴 때 사용합니다.

× 솜

인형의 속을 채울 때 사용하며, 주로 구름 솜을 사용합니다.

> **TIP**
>
> **재료와 도구 구입 정보**
>
> 앵콜스 뜨개실 ancalls.com
> 손뜨개를 즐기기 위한 도구와 재료를 구입 할 수 있습니다.

CHAPTER 02

× × × ×

손뜨개 기초 수업

모티브뜨기와 인형뜨기를 시작하기 전에 이 책에서 사용하는
기본 뜨기, 코 늘리고 줄이기, 배색뜨기, 응용뜨기, 코 마무리하는 방법과
완성된 편물의 조립 및 장식하는 방법을 손뜨개 기초 수업을 통해 익힐 수 있습니다.

× 01 ×
기본 뜨기

손뜨개의 시작인 코를 만들고 가장 기본 뜨기인 겉뜨기, 안뜨기를 배우는 기초 학습입니다.
겉뜨기와 안뜨기만으로도 뜰 수 있는 메리야스뜨기, 가터뜨기, 멍석뜨기, 2코 고무뜨기도 함께 소개합니다.

기본코 만들기 long tail cast on
이 책에서 주로 사용하는 시작 코 만드는 방법입니다. 필요한 너비의 3~4배 길이의 실을 여유 있게 남기고 코 만들기를 시작합니다.

짧은 가닥이 왼손 엄지에 오도록 한 뒤 왼손 엄지와 검지에 실을 건다. 오른손으로 두 가닥을 잡는다.

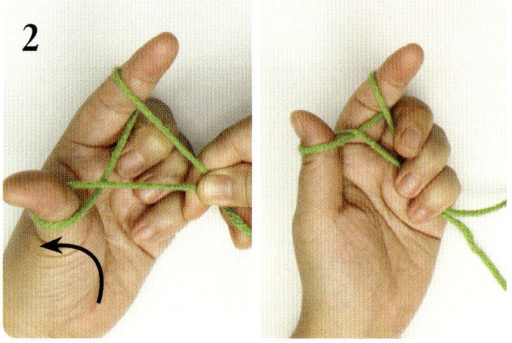

오른손을 그대로 한 채 왼손을 세운 뒤 오른손에 잡고 있던 두 가닥을 왼손의 약지와 소지로 잡아준다.

엄지 쪽 고리에 바늘을 왼쪽에서 오른쪽으로 넣은 뒤 검지 쪽 고리의 오른쪽에서 왼쪽으로 넣는다.

엄지 쪽 고리로 바늘을 빼낸다.

유튜브 **greendotori** 에서 영상으로 손뜨개 기초 수업을 확인할 수 있습니다.

5

엄지와 검지에서 실을 빼내어 실을 잡아당겨 1코를 완성한다.

6

다시 왼손을 세우고 필요한 콧수 만큼 과정을 반복한다. 이때부터 검지는 고정한 채 엄지와 바늘을 움직여 코를 만든다.

TIP

기본코를 만들 때 필요한 실의 양

만들어야 할 콧수를 바늘에 감아줍니다. 예를 들어 10코를 기본코로 만들 경우 10번 정도 감은 뒤 여유분으로 조금 더 추가하면 대략적인 실의 양을 가늠할 수 있습니다.

1 실을 바늘에 10번 정도 감는다. 이때 실을 힘을 주어 당기어 감지 않는다.
2 바늘을 빼낸 뒤 여유분을 조금 더 추가한다.

감아코 만들기 backwards loop cast on

편물을 뜨는 도중 코를 늘릴 때 사용합니다. 이 책에서는 숲속 친구들을 만들 때 배에서 코를 늘려 다리 부분을 만들 때 사용합니다.

1

왼손에 긴 가닥의 실을 걸어준다.

2

긴 가닥의 실에 바늘을 왼쪽에서 오른쪽으로 넣는다.

3

손가락을 빼내면서 감아코를 만든다.

4

1~3번을 반복하여 원하는 콧수를 만든다.

겉뜨기 k=knit

대바늘 손뜨개의 가장 기본이 되는 뜨개법입니다. 이 책에서는 '겉뜨기' 또는 '겉'으로 줄여서 사용합니다.

긴 실을 바늘 뒤에 두고 오른손 바늘을 왼손 바늘 코의 왼쪽에서 오른쪽으로 넣는다.

실을 오른손 바늘 바깥쪽에서 안쪽으로 감는다.

왼손 검지로 오른손 바늘 끝을 밀어 코 앞으로 빼낸 뒤 오른손 바늘을 들어올린다.

왼손 바늘에 걸려 있는 코를 빼내면 겉뜨기 1코가 완성된다.

안뜨기 p=purl

겉뜨기와 같이 가장 기본이 되는 뜨개 기법입니다. 이 책에서는 '안뜨기' 또는 '안'으로 줄여 사용합니다.

1

긴 실을 바늘 앞에 두고 오른손 바늘을 왼손 바늘 코의 오른쪽에서 왼쪽으로 넣는다.

2

실을 오른손 바늘의 바깥쪽에서 안쪽으로 감는다.

3

왼손 엄지로 오른손 바늘 끝을 밀어 감은 실을 코 뒤로 빼낸다.

4

왼손 바늘에 걸려 있는 코를 빼내면 안뜨기 1코가 완성된다.

빠진 코줍기

빠진 코를 중심으로 양쪽 바늘을 위치시킨다.

빠진 코 바로 위의 실과 빠진 코를 순서대로 왼손 바늘에 건다.

오른손 바늘로 뒤의 실을 앞의 고리를 통해 코를 빼낸다.

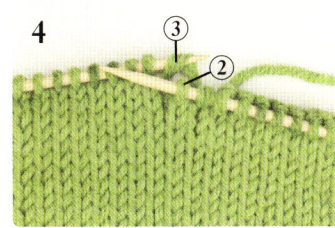

다시 바로 위의 실과 코를 순서대로 왼손 바늘에 건다.

오른손 바늘로 뒤의 실을 앞의 고리를 통해 코를 빼낸다.

올바른 뜨개코의 모양

빠진 코를 주울 때 뜨개코의 모양이 바르게 걸어졌는지 확인해 주세요. 반대로 코를 주울 경우 무늬가 달라집니다.

겉뜨기가 올바른 뜨개코

겉뜨기가 반대로 걸린 코

안뜨기가 올바른 뜨개코

안뜨기가 반대로 걸린 코

메리야스뜨기 stocking stitch

한 단씩 겉뜨기와 안뜨기를 번갈아 뜨면 메리야스뜨기가 됩니다. 이 책에서 가장 기본이 되는 뜨개법입니다.

가터뜨기 garter stitch

모든 단을 겉뜨기로만 뜨면 가터뜨기가 됩니다. 편물 자체가 도톰하고 단 끝부분이 둥글게 말리지 않습니다.

멍석뜨기 moss stitch

1단은 겉뜨기와 안뜨기를, 2단은 반대로 안뜨기와 겉뜨기를 번갈아 뜨고 원하는 단까지 1, 2단을 반복하면 올록볼록한 무늬의 멍석뜨기가 됩니다. 편물이 도톰하고 단 끝부분이 둥글게 말리지 않습니다.

2코 고무뜨기 2×2 rib stitch

겉뜨기, 안뜨기를 2코씩 번갈아 뜨면 신축성이 좋은 고무뜨기가 됩니다. 1코씩 번갈아 뜨면 1코 고무뜨기가 됩니다.

× 02 ×
코 늘리고 줄이기

기본 뜨기를 익힌 다음 기존 코에서 코를 늘리고 줄이는 방법을 소개합니다.
늘리고 줄이는 방법에 따라 코의 모양이 달라지고 기울어진 형태에 따라 편물에 무늬가 만들어집니다.

코 늘리기 kfb=knit front & back
코의 앞뒤를 겉뜨기하여 손쉽게 코를 늘리는 방법입니다. 새로 생긴 코 아래 부분에 가로 줄이 생겨 안뜨기 코처럼 보입니다.

겉뜨기를 하듯이 1코를 뜬다.

왼손 바늘을 마저 빼지 않는다.

다시 오른손 바늘을 겉뜨기한 코의 뒤쪽 코에 오른쪽에서 왼쪽으로 넣는다.

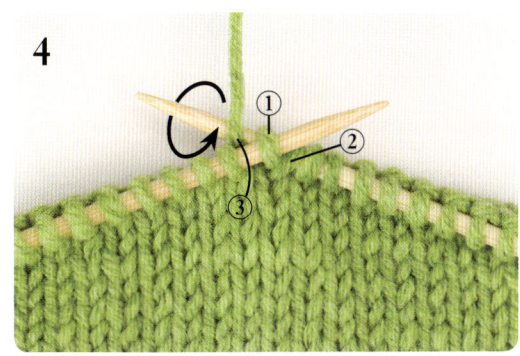

실을 오른손 바늘 바깥쪽에서 안쪽으로 감아 겉뜨기하듯 뜬다.

왼손 바늘에 걸려 있는 코를 빼내면 코 늘리기가 완성된다.

TIP

front & back?

바늘에 걸려있는 코의 앞쪽은 'front loop' 바늘에 걸려있는 코의 뒤쪽은 'back loop' 입니다.

front loop

back loop

왼코 만들기 m1l=make 1 left

바늘은 코 사이에 연결된 실(싱커 루프)을 앞에서 뒤로 넣어 코를 늘리는 방법입니다. 만들어진 코 모양이 왼쪽으로 기울어진 모양입니다.

1

왼손 바늘을 코 사이에 연결된 실 앞에서 뒤로 넣는다.

2

바를 들어 올려 왼손 바늘에 코(니들 루프)를 만든다.

3

오른손 바늘을 고리 뒤의 오른쪽에서 왼쪽으로 넣어 겉뜨기한다.

4

만들어진 코 모양이 왼쪽으로 기울어진 코가 만들어진다

> **TIP**
>
> 바늘에 걸려 있는 고리를 '니들 루프'(=코) 라고 부르고,
> 코와 코 사이에 연결된 실을 '싱커 루프'라고 부릅니다.

오른코 만들기 m1r=make 1 right

바늘을 코 사이에 연결된 실(싱커 루프) 뒤에서 앞으로 넣어 코를 늘리는 방법입니다. 만들어진 코 모양이 오른쪽으로 기울어진 모양입니다.

왼손 바늘을 코 사이에 연결된 실 뒤에서 앞으로 넣는다.

바를 들어 올려 왼손 바늘에 코(니들 루프)를 만든다.

오른손 바늘을 고리 앞쪽의 왼쪽에서 오른쪽으로 넣어 겉뜨기한다.

만들어진 코 모양이 오른쪽으로 기울어진 코가 만들어진다.

겉뜨기로 2코 모아뜨기 k2tog=knit 2 sts together

겉뜨기로 2코를 한 번에 모아서 코를 줄이는 방법입니다. '왼코 겹코 2코 모아뜨기', '왼코 줄이기'로도 불립니다. 이 책에서는 겉뜨기일 경우는 '2코 모아뜨기'로 줄여 사용합니다.

왼손 바늘의 2코 왼쪽에서 오른쪽으로 바늘을 넣는다.

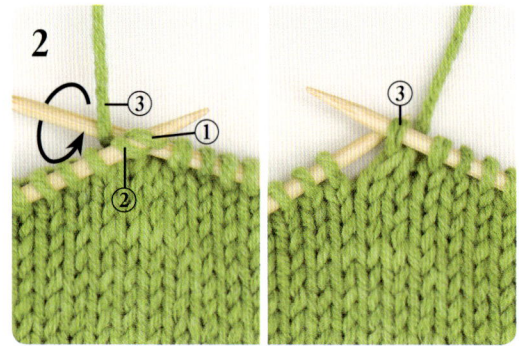

2코를 겉뜨기하듯 실을 감아 뜬다.

겉뜨기로 3코 모아뜨기 k3tog=knit 3 sts together

겉뜨기로 3코를 한 번에 모아서 코를 줄이는 방법입니다. '왼코 겹쳐 3코 모아뜨기'로도 불립니다.

왼손 바늘의 3코를 왼쪽에서 오른쪽으로 바늘을 넣는다.

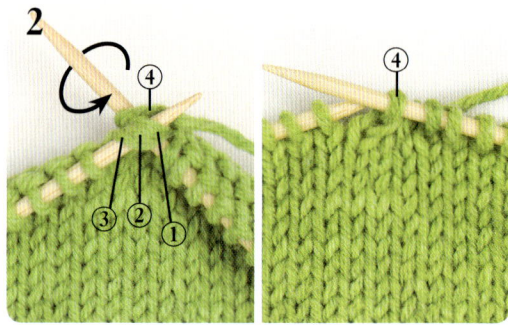

3코를 겉뜨기하듯 실을 감아 뜬다.

안뜨기로 2코 모아뜨기 p2tog=purl 2 sts together
안뜨기로 2코를 한 번에 모아서 코를 줄이는 방법입니다. '왼코 겹쳐 2코 모아 안뜨기'로도 불립니다.

왼손 바늘 2코 오른쪽에서 왼쪽으로 바늘을 넣는다.

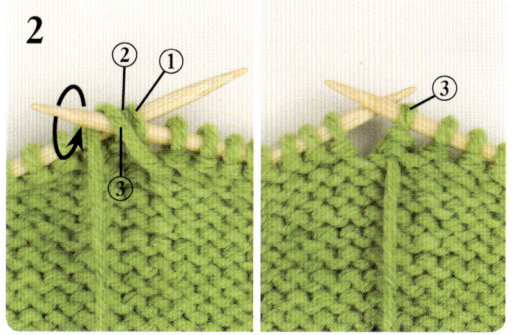
2코를 안뜨기하듯 실을 감아 뜬다.

안뜨기로 3코 모아뜨기 p3tog=purl 3 sts together
안뜨기로 3코를 한 번 모아 코를 줄이는 방법입니다. '왼코 겹쳐 3코 모아 안뜨기'로도 불립니다.

왼손 바늘의 3코 오른쪽에서 왼쪽으로 바늘을 넣는다.

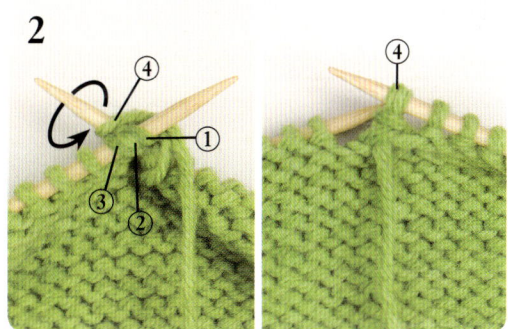
3코를 안뜨기하듯 한번에 실을 감아 뜬다.

오른코 줄이기 ssk=slip, slip, knit

2코를 모두 겉뜨기하듯 걸러뜬 뒤 한번 떠서 오른코를 줄이는 방법입니다. '오른코 겹쳐 2코 모아뜨기'로도 불립니다.

1코를 겉뜨기하듯 걸러뜬다.

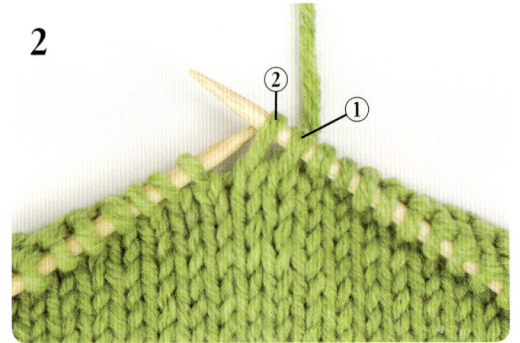

다음 1코도 겉뜨기하듯 걸러뜬다.

오른손 바늘을 걸러뜨기한 2코의 왼쪽에서 오른쪽으로 넣는다.

2코를 겉뜨기하듯 실을 감아 뜬다.

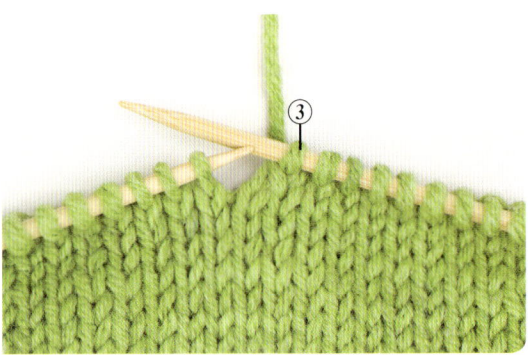

× 03 ×
배색뜨기

기본적으로 메리야스뜨기를 진행하면서 다양한 색의 실을 사용하여 무늬를 표현할 수 있습니다.
무늬에 따라 실을 편물 뒷면에 가로로 걸쳐 뜨거나 여러 개의 실 볼로 나누어 사용합니다.
배색뜨기 방법으로 페어아일(가로 배색)과 인타르시아(세로 배색)가 있습니다.

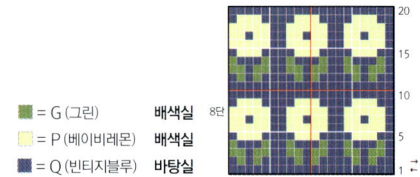

■ = G (그린) 배색실
■ = P (베이비레몬) 배색실
■ = Q (빈티지블루) 바탕실

페어아일 fair isle
뜨지 않는 실을 편물 뒷면에 가로로 걸쳐 뜨는 배색뜨기 방법으로 모티브 전면에 반복되는 잔무늬를 뜰 때 주로 사용합니다. 항상 바탕실을 배색실 아래로, 단을 가로 질러 걸쳐진 실은 팽팽하게 잡아당기지 않으며 여유 있지만 너무 늘어지지 않게 합니다. 이 방법을 가로 배색이라고도 부릅니다.

1

시작할 때는 항상 바탕실과 배색실을 교차시켜 안뜨기한다.

2

바탕실을 배색실 아래로 안뜨기한다.

3

배색실은 바탕실 위로 안뜨기한다.

4

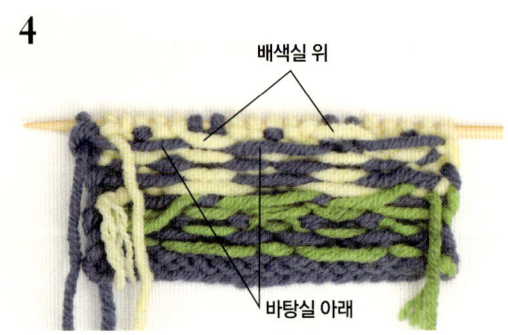

단 끝까지 배색뜨기한 모습.

시작할 때는 항상 바탕실과 배색실을 교차시켜 겉뜨기한다.

배색실을 바탕실 위로 겉뜨기한다.

바탕실은 배색실 아래로 겉뜨기한다.

배색실을 바탕실 위로 겉뜨기한다.

단 끝까지 배색뜨기한 모습.

완성된 모티브 앞, 뒷면.

겉뜨기하면서 실을 걸치는 방법

바로 사용하지 않는 배색실을 다음 회차에서 안뜨기로 시작할 경우 미리 겉뜨기하면서 실이 늘어지지 않게 옮기는 방법입니다.

바탕실 위에 걸쳐 뜰 실을 올린다.   바탕실로 겉뜨기한다.   일정한 간격으로 실을 걸쳐뜬다.

안뜨기하면서 실을 걸치는 방법

겉뜨기 할 때 여유 있게 실을 가로 지르게 한 후 안뜨기 하는 중간 늘어진 실을 걸쳐 뜨는 방법입니다.

안뜨기할 코에 바늘을 넣고 늘어져 있는 코까지 함께 바늘을 통과시킨다.   ② 걸친 실 아래로 바늘을 통과시켜 안뜨기한다.

순서대로 다음 코를 진행한다.   일정한 간격으로 늘어진 실을 걸쳐준다.

인타르시아 intarsia

실을 세로로 걸치는 배색뜨기 방법으로 세로 무늬나 큰 무늬를 뜰 때 주로 사용하며, 세로 배색이라고도 부릅니다. 같은 색의 실이여도 구역별로 각 하나의 실타래를 갖고 작업을 진행합니다. 기존 실 위에 새로운 배색실을 올려 실을 교차시켜 작업을 진행합니다. 교차시킬 코가 느슨해지면 구멍이 생길수 있으므로 실을 당기어 뜹니다.

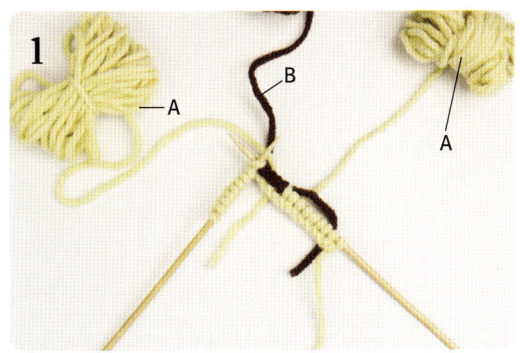

구역별로 각 하나의 실타래를 준비한다.

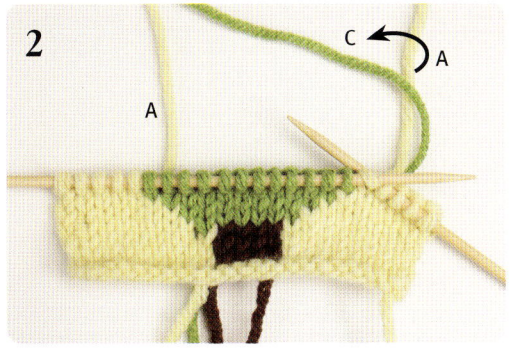

배색실C를 바탕실A 위로 올려 겉뜨기한다.

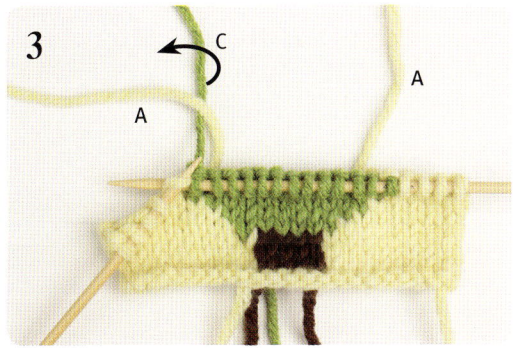

바탕실A를 배색실C 위로 올려 겉뜨기한다.

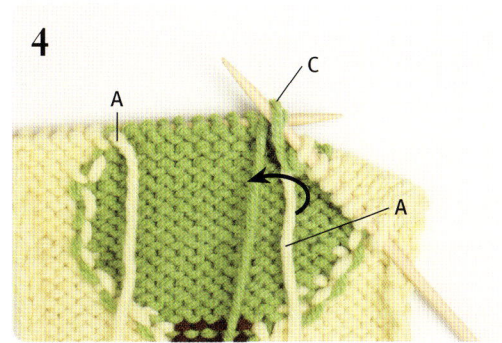

배색실C를 바탕실A 위로 올려 안뜨기한다.

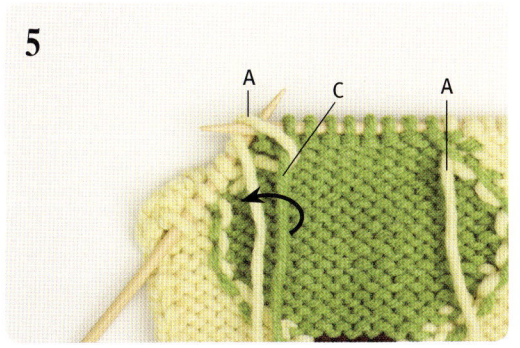

바탕실A를 배색실C 위로 올려 겉뜨기한다.

완성된 모티브 앞, 뒷면.

사용할 배색 실타래 준비하기

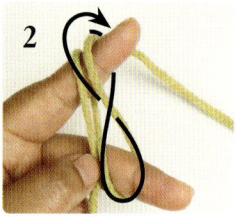

검지에 실을 건다.

사진처럼 8자로 실을 감는다.

필요한 만큼의 실을 감은 다음 추가로 실을 여러번 감아 여유있게 남기고 자른다.

감은 실을 빼낸 후 실을 사용할 때는 안쪽 시작 부분의 실을 빼내어 작업을 진행한다.

작은 무늬일 경우는 편물을 완성한 다음 돗바늘을 사용하여 편물 위에 배색 무늬를 수놓을 수 있습니다

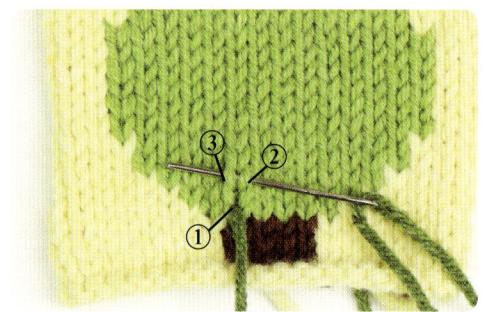

①, ②, ③ 번호 순서대로 돗바늘을 통과시킨다.

①, ④ 바늘을 통과시킨다.

⑤, ⑥ 순서대로 바늘을 통과시킨다.

도안을 확인하면서 단과 콧수를 확인하면서 수놓는다.

TIP

페어아일, 인타르시아를 특별히 구분 짓지 않고 섞어서 사용해도 괜찮습니다. 바탕실 배색실1, 2 등을 구분 짓는 것이 귀찮고 어렵다 할 때는 페어아일처럼 기존 실 위에 새로운 배색실을 올려 실을 교차시켜 작업을 진행해도 좋습니다. 단, 이때는 뒷면 걸치는 실들이 교차되면서 편물 자체가 도톰해지지만 착용하는 의상이 아니라면 괜찮습니다.

× 05 ×
응용뜨기

기본뜨기, 코 늘리고 줄이기, 배색뜨기 이외에도 편물이 얇은 튜브 형태가 되는 방법과
새롭게 코를 주워서 뜨는 방법, 편물을 경사지게 뜨는 방법들을 소개합니다.

아이코드뜨기 i-cord

끝이 막혀 있지 않은 바늘로 3~5코를 겉뜨기한 뒤, 바늘 반대쪽으로 밀어서 원하는 길이만큼 겉뜨기를 반복하면 원형으로 편직된 튜브 형태가 됩니다. 이 책에서는 도토리 뚜껑 꼭지와 줄기를 표현할 때 사용합니다.

3~5코 정도의 시작코를 만든다.

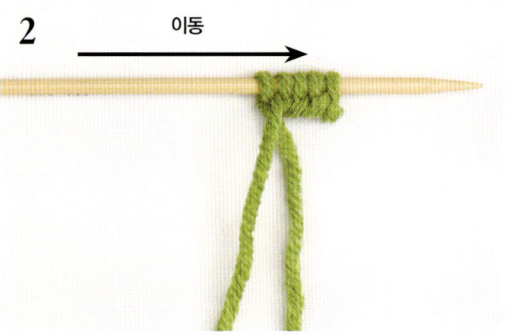

모든 코를 바늘 오른쪽 끝으로 이동시킨다.

겉뜨기한 뒤 다시 모든 코를 바늘 오른쪽 끝으로 이동시킨다.

원하는 길이만큼 반복한다.

겉뜨기로 코줍기 | puk=pick up and knit

편물의 가장자리에서 코를 주워 뜨는 방법입니다. 편물의 겉뜨기 면에서 싱커 루프 사이의 구멍으로 바늘을 통과시켜 실을 바늘에 겉뜨기하듯 감아 코를 빼내어 코를 줍는 방법입니다. 이 책에서는 숲속의 곰 발바닥과 꽃사슴의 목 부분에서 몸통을 만들 코를 줍기 위해서 사용합니다.

겉뜨기 면에서 코와 코 사이 공간으로 바늘을 넣는다.

실을 바늘에 겉뜨기하듯 밖에서 안으로 감아준다.

바늘에 감은 실을 빼내어 1코를 줍는다.

랩앤턴 w&t = wrap and turn

경사뜨기의 여러 방법 중 하나인 랩앤턴입니다. 경사뜨기는 한 단의 모든 코를 뜨지 않고 작업 도중에 편물을 되돌아떠서 경사를 만드는 방법입니다. 경사가 완성이 되면 그 단의 모든 코를 겉뜨기 또는 안뜨기를 하면서 코와 실로 감싸져 랩핑된 고리를 정리합니다. 이 책에서는 다람쥐의 꼬리와 사슴의 다리 부분에 적용하여 굽은 형태를 만들 수 있습니다.

× **겉뜨기 단에서**

4코 겉뜨기한 뒤 다음 코를 안뜨기하듯 오른손 바늘로 옮긴다.

실을 편물 앞으로 가져온다.

오른손 바늘 코를 다시 왼손 바늘로 옮긴다.

실을 편물 뒤로 보내고 편물을 돌린다.

4코 안뜨기한다.

× 안뜨기 단에서

1

4코 안뜨기한 뒤 다음 코를 안뜨기하듯 오른손 바늘로 옮긴다.

2

실을 편물 뒤로 보낸다.

3

오른손 바늘 코를 다시 왼손 바늘로 옮긴다.

4

실을 편물 앞으로 가져오고 편물을 돌린다.

5

4코 겉뜨기한다.

× 겉뜨기 단에서 래핑된 고리 정리하기

2코 겉뜨기한다.

②의 래핑(실로 감싸진 고리)된 고리를 아래에서 위로 바늘을 넣는다.

①번 코도 함께 두 코를 겉뜨기하듯 뜬다.

모든 래핑된 코를 정리한다.

× 안뜨기 단에서 래핑된 고리 정리하기

1

2코 안뜨기한 뒤 오른손 바늘로 작업 뒷면 ②의 래핑된 고리의 아래에서 위로 들어 올려 왼손 바늘에 건다.

2 **3**

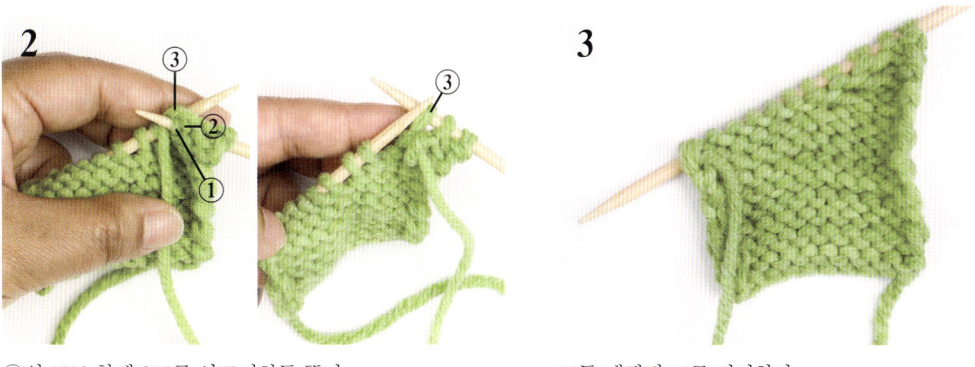

①의 코도 함께 2코를 안뜨기하듯 뜬다.   모든 래핑된 코를 정리한다.

× 05 ×
코마무리

편물의 코를 마무리하는 여러 가지 방법을 소개합니다.

코막음 cast off

겉뜨기 면에서는 겉뜨기로, 안뜨기 면에서는 안뜨기로 코막음합니다. 코막음할 때 실을 당겨 작업하게 되면 단 끝부분이 전체적으로 좁아집니다.

1

처음 2코를 겉뜨기한다.

2

왼손 바늘을 오른손 바늘 첫 코 앞의 왼쪽에서 오른쪽으로 바늘을 넣는다.

3

첫 코를 왼손 바늘에 걸어 빼내면서 두 번째 코에 덮어씌운다.

4

오른손 바늘을 빼내어 코막음한다.

5

다음 1코를 겉뜨기한다.

6

첫 번째 코를 두 번째 코에 덮어씌운다.

7

모든 코를 코막음한다.

코조임 b&t tightly

실을 여유 있게 잘라 돗바늘을 연결하여 코 사이로 통과시켜 단단하게 잡아당깁니다.

코가 바늘에 걸려 있을 경우

1. 실을 여유 있게 자르고 돗바늘을 연결한다.

2. 반대쪽 코부터 모든 코를 돗바늘을 통과시킨다.

3. 돗바늘을 통과시킨 후 실을 당겨 코를 조여준다.

시작 단을 마무리 하는 경우
단에 연결된 실에 돗바늘을 연결하여 화살표 방향으로 바늘을 넣어 당겨준다.

× 겉뜨기일 경우

× 안뜨기일 경우

아이코드 코막음 i-cord bind off

아이코드로 단 끝부분을 도톰한 두께감 있는 테두리로 코막음할 수 있습니다. 두께는 감아코의 개수로 조절할 수 있습니다.

1

감아코 2코를 만든다.

2

2코를 겉뜨기한다.

3

다음 1코를 겉뜨기하듯 오른손 바늘로 옮긴다.

4

다음 1코는 겉뜨기한다.

5

걸러뜨기한 코를 마지막 겉뜨기한 코에 덮어씌운다.

6

오른손 바늘의 모든 코를 왼손 바늘로 옮긴다.

7

2~6번을 단 끝까지 반복한다. 그 다음 마지막 3코가 남으면 실을 여유 있게 잘라 돗바늘을 연결하여 모든 코를 통과시킨다. 그리고 코를 조여 마무리한다.

아이코드 테두리 만들기 i-cord edging

코막음이 끝난 편물의 가장자리 부분을 도톰하고 두께감이 있는 테두리로 장식할 때 사용합니다. 이 책에서는 블랭킷의 테두리 장식을 할 때 사용합니다

1

싱커 루프 사이의 구멍으로 바늘을 통과시킨다.

2

테두리로 사용할 실을 바늘에 겉뜨기하듯 감아준다.

3

바늘에 감은 실을 빼내어 1코를 줍는다.

4
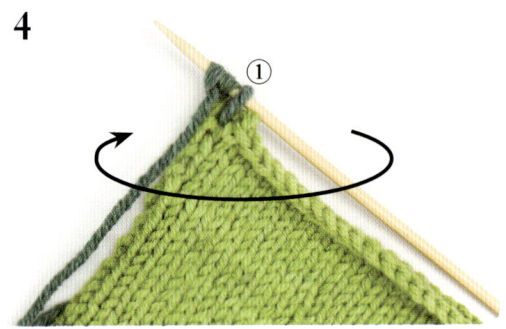
감아코 2코를 만든 뒤 바늘을 돌린다.

5

모든 코를 바늘의 왼쪽으로 밀어 옮긴다.

6

다음 싱커 루프 사이의 구멍으로 바늘을 통과시킨 뒤 실을 겉뜨기하듯 감아준다.

7

감은 실을 왼손 바늘로 빼내어 코를 줍는다.

8

모든 코를 바늘의 오른쪽으로 밀어 옮긴다.

9

2코를 겉뜨기로 뜬다.

10

다음 1코를 겉뜨기하듯 오른손 바늘로 옮긴다.

11

다음 1코는 겉뜨기한다.

12

걸러뜨기한 코를 마지막 겉뜨기한 코에 덮어씌운다.

세번째 싱커 루프의 구멍으로 바늘을 통과시킨 뒤 실을 겉뜨기하듯 감아준다.

감은 실을 왼손 바늘로 빼내어 코를 만든다.

모든 코를 바늘의 오른쪽으로 밀어 옮긴다.

9~15번 과정을 단 끝까지 작업한다.

단 끝부분에서는 3코를 겉뜨기한다.

마지막으로 코를 주운 곳에서 다시 1코를 주워 4코로 작업을 진행한다.

마지막 모서리 부분에 3코를 겉뜨기한 뒤 실을 10cm정도 남기고 자른다.

자른 실에 돗바늘을 연결하고 바늘에서 코를 모두 빼낸다.

사진의 이미지처럼 돗바늘을 통과시켜 코를 서로 연결한다. 3코 모두 동일한 방법을 사용한다.

실 꼬리를 테두리에 감추어 마무리한다.

편물 잇기 seaming

편물의 단과 단 또는 코와 코를 잇는 방법을 소개합니다.

× 메리야스뜨기 단 잇기

편물의 단과 단을 이을 때 사용하는 방법으로 양쪽의 코를 1코~2코씩 번갈아가며 바늘을 통과시켜 연결합니다.

편물을 겉면이 보이게 나란히 놓고, 코와 코 사이의 바를 한 개 또는 두 개씩 통과시켜 연결한다.

일정한 간격으로 실을 당겨 단을 연결한다. 실을 당길 때 너무 세게 당겨 편물이 울지 않도록 힘 조절을 한다.

× 메리야스뜨기 코잇기

시작코와 코막음한 가장자리 코를 이을 때 사용하는 방법입니다. 시작단은 V코 코막음한 단은 ∧코를 번갈아가며 바늘을 통과시켜 연결하는 방법입니다.

편물의 끝과 시작 부분을 위 아래 놓고, 시작단의 V코, 코막음한 단은 ∧코를 번갈아서 통과시킨다.

코와 코잇기를 할 때는 실을 세게 당겨 코의 간격이 좁아지지 않도록 주의한다.

× **가터뜨기 단 잇기**

한쪽의 위쪽 코와 다른 쪽 아래쪽 코를 1코씩 번갈아가며 바늘을 통과시켜 연결하는 방법입니다.

편물을 나란히 놓고 한곳은 아래쪽 코, 다른 한쪽은 위쪽 코를 1코씩 바늘을 통과시킨다.

일정한 간격으로 실을 당겨 단을 연결한다. 실을 당길 때 너무 세게 당겨 편물이 울지 않도록 힘 조절을 한다.

TIP

배색뜨기 모티브의 편물이 울거나 비틀어져 있을 경우 스팀 다리미로 스팀을 쐬어준 다음 좌우 위아래를 당겨 편물을 조정 할 수 있습니다. 또는 무거운 책을 올려두거나 시침핀으로 네 면을 고정시켜 건조하면 형태를 바로잡는데 도움이 됩니다.

… × 06 ×

조립과 장식하기

인형뜨기에서 여러 조각의 편물의 솔기를 잇고, 솜을 채워 넣어 형태를 잡은 후 인형의 얼굴에 입체감과 개성을 더해줍니다.
눈 부분을 움푹 들어가게 표현하거나, 주둥이 부분을 조여서 입체감을 살리고, 자수 기법을 사용하여 눈, 코, 입을 표현합니다.
콧수염과 미니볼의 코를 만들어 장식적 요소들을 추가하여 완성합니다.

솜 채우기

인형의 형태를 고려해 겸자를 사용하여 솜을 채워 넣습니다. 솜의 양은 편물 조직이 늘어나지 않는 선이 좋습니다. 솜을 채워 넣은 뒤 양손으로 둥글려 솜이 고르게 퍼지도록 만듭니다.

1 창구멍으로 겸자를 이용하여 솜을 채워 넣는다.

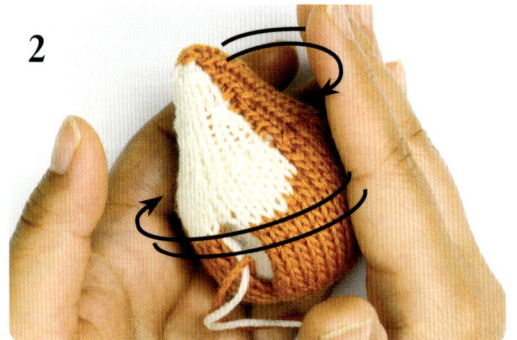

2 양손 바닥으로 둥글려 솜이 고르게 퍼지도록 만든다.

조립하기

편물의 솔기를 잇고 솜을 채워 넣은 몸과 귀를 해당 위치에 시침핀으로 임시 고정을 시킨 뒤, 돗바늘로 메리야스뜨기의 코잇기로 조립합니다.

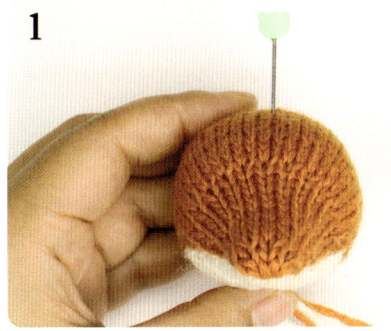

1. 여우의 얼굴 중심을 시침핀으로 표시한다.

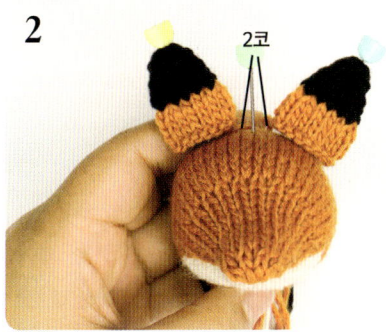

2. 중심 사이를 2코 간격을 두고 귀를 시침핀으로 고정시킨다.

3. 귀의 실꼬리에 돗바늘을 꿰어 얼굴의 ∧코를 통과시킨다.

4. 귀의 ∨코를 통과시킨다.

3, 4번 번갈아가면서 귀를 얼굴에 연결시킨다.

나머지 귀도 3~5번과 동일한 방법으로 귀를 얼굴에 연결시킨다.

실꼬리는 멀리 통과시켜 실을 잘라 정리한다.

입체감 표현

실루엣을 강조해주거나 특정 부분의 입체감 표현을 위해서 바느질하여 실을 당겨 강조해줍니다.

× 한 단을 조여서 입체감 강조하기

돗바늘에 실을 꿰어 반코씩 홈질한다.

실을 당겨 움푹 들어간 부분의 형태를 잡는다.

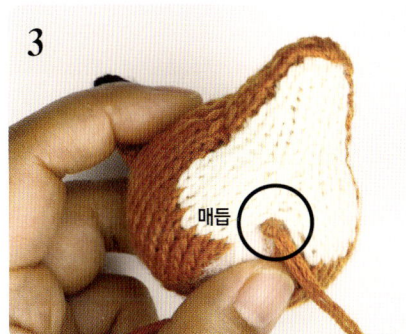

매듭을 짓고 창구멍에 넣어 정리한다.

× 포인트 부분을 조여서 입체감 강조하기

1

 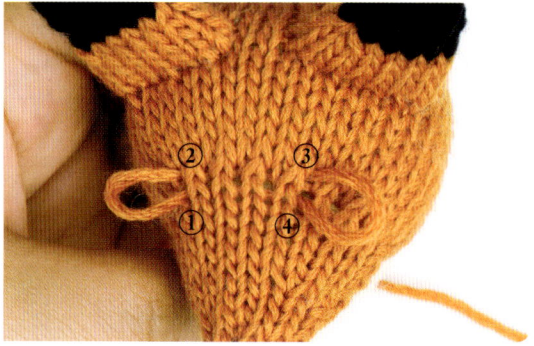

돗바늘에 실을 꿰어 양쪽 눈 주변을 ①에서 ④순서대로 통과시킨 다음 처음 바늘을 넣은 곳으로 바늘을 빼낸다. 시작 할 때 실꼬리를 여유 있게 남겨둔다.

2

실꼬리 두 줄을 당기어 눈을 음푹 들어가게 당겨 준다.

3

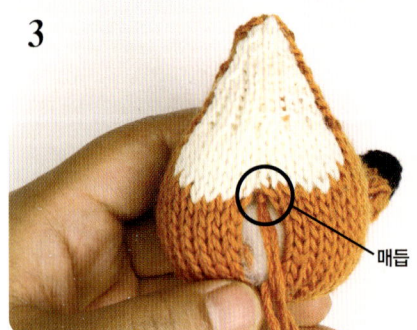

매듭을 짓고 창구멍에 넣어 정리한다.

자수 기법

눈, 코, 입, 등의 디테일은 자수 기법을 사용해서 표현할 수 있습니다. 이 책에서는 자수 기법의 스트레이트 스티치, 프렌치 노트 스티치, 새틴 스티치, 레이지데이지 스티치를 사용하고 있습니다.

스트레이트 스티치

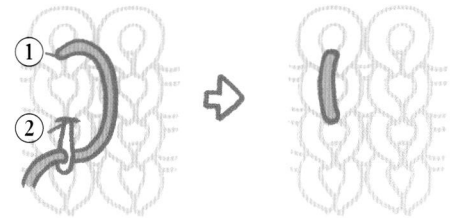

프렌치 노트 스티치

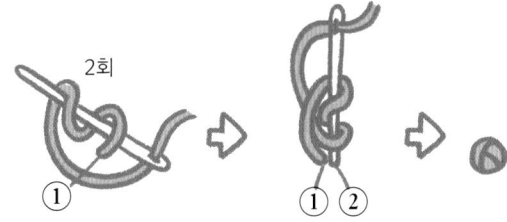

새틴 스티치

레이지데이지 스티치

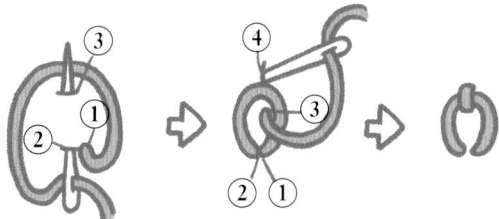

루프 만들기

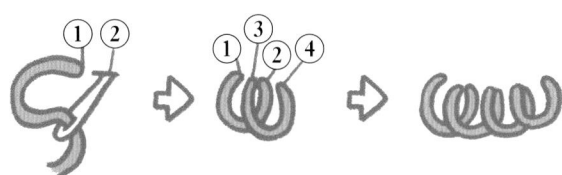

각 자수를 사용한 예

× 곰의 입(스트레이트 스티치)

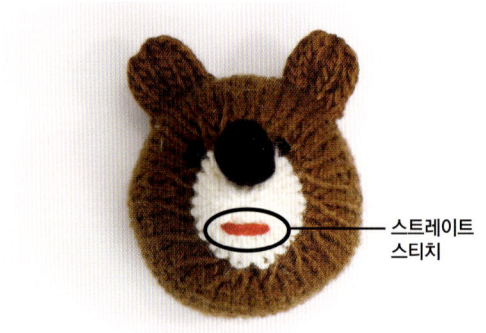

스트레이트 스티치

× 여우의 눈(프렌치 노트 스티치)

프렌치 노트 스티치

× 여우의 코(새틴 스티치)

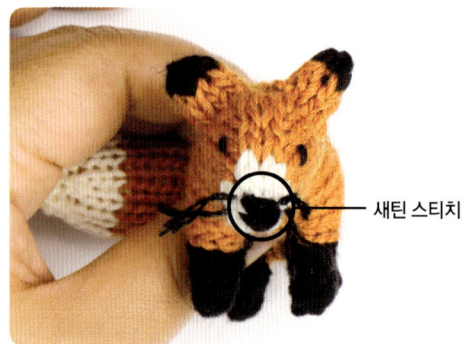

새틴 스티치

× 열매의 꼭지, 잎(레이지데이지 스티치)

레이지데이지 스티치

× 땅속 요정 수염(루프 만들기)

루프 만들기

콧수염

털실 4가닥을 뽑아 돗바늘에 실을 꿰어 양 볼의 코와 코 사이 콧수염 위치에 통과시킨 뒤 가위로 잘라 콧수염을 표현합니다.

1 20cm 실에서 4가닥을 뽑아낸다.
2 돗바늘에 실을 꿰어 양 볼의 코와 코 사이 ①에서 순서대로 통과시킨다. 시작 부분은 1.5cm정도 실꼬리를 남기고 ②, ③사이는 3cm정도 루프를 남긴다.
3 루프의 가운데와 실꼬리 1.5cm를 남기고 잘라 콧수염을 만든다.

미니 볼

동물의 코를 표현할 때 사용합니다. 실을 둥글게 감은 뒤 실을 여유 있게 자르고 돗바늘로 감은 코에 여러 곳에 실을 통과시켜 형태를 고정시킵니다.

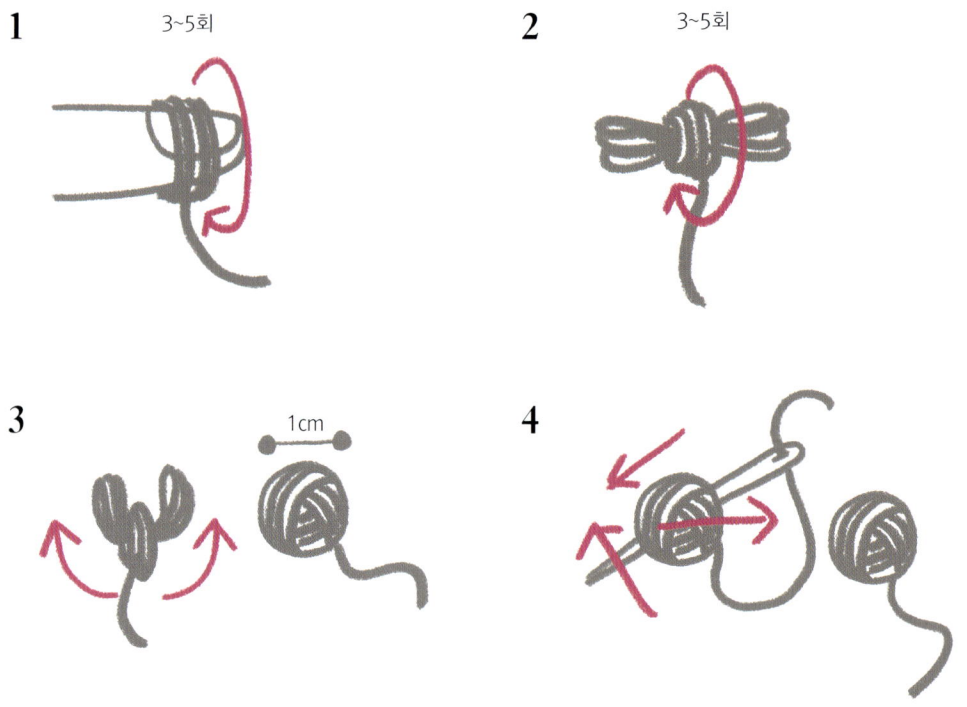

1. 검지에 실을 3~5회 감는다.
2. 손가락에서 빼낸 다음 가운데 부분에 실을 3~5회 감는다.
3. 양쪽 실을 가운데로 접고 볼이 1cm 정도로 둥글게 감는다.
4. 실을 여유 있게 남기고 자른 뒤, 실꼬리에 돗바늘을 꿰어 볼의 여러 곳을 통과시켜 형태를 고정한다.

미니 퐁퐁

미니 퐁퐁을 만들어 꼬리를 표현할 수 있습니다. 실을 손가락에 감은 뒤 원형으로 다듬어 형태를 만듭니다.

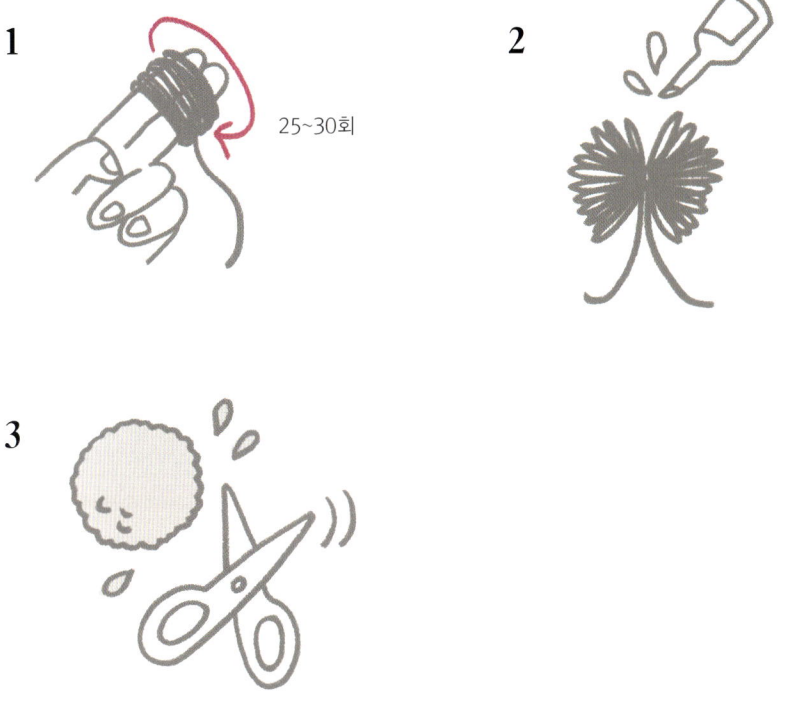

1 두 손가락에 25~30회 실을 감는다.
2 손가락에서 빼내어 가운데 부분을 실로 묶어준다. 매듭 부분을 본드로 고정시키면 더욱 단단히 고정시킬 수 있다.
3 원형 2cm의 크기로 다듬는다. 원하는 사이즈에 맞추어 감는 횟수와 크기를 달리한다.

실 마무리하기

모든 작업은 바느질을 위해 시작과 끝부분은 항상 실꼬리를 여유 있게 남기고 자릅니다.

× 실 마무리하기 1
실꼬리를 주변 코에 여러 번 통과시켜 마무리하는 방법입니다. 매듭이 없어서 편물 뒷면이 깔끔히 정리됩니다.

돗바늘에 실꼬리를 꿰어 옆의 코의 실을 갈라서 바늘을 통과시켜 실을 감춘다.

× 실 마무리하기 2
간단히 매듭을 지어 마무리하는 방법입니다. 몸에 착용하는 아이템이 아니라면 매듭 지은 부분이 조금 도톰해도 괜찮습니다.

주변의 실을 매듭을 지어 준 다음 긴 실을 잘라 정리한다.

× 실 마무리하기 3
편물 솔기를 이은 시접 부분에 김침질하여 마무리하는 방법입니다. 모티브의 연결부의 시접 또는 인형뜨기에서 솔기 잇기한 다음 실을 정리해 주는 방법입니다.

편물을 뒤집어 시접 부분에 여러 번 감침질하여 실을 정리한다.

CHAPTER 03
모티브뜨기

화려한 무늬의 모티브들은 차트 도안 보는 방법을 익히면서 즐길 수 있습니다.
시간이 날 때 하나씩 모티브 조각을 뜬 다음 여러 조각을 모아서 가방, 쿠션 커버, 무릎 담요까지
원하는 사이즈만큼 모티브를 이어서 소품 만들기를 즐길 수 있습니다.

✅ 체크 포인트
× p.14 '도안 보는 법'의 '차트 도안 포인트'를 확인한 후에 작업한다.
× 모티브뜨기에 사용하는 실은 기호별로 색실이 고정되어 있다.
× 같은 디자인의 도안이어도 콧수와 단수를 확장하여 사용하는 도안이 있으므로 확인하고 작업을 진행한다.
× 단색 도안의 경우, 사용하는 실의 기호로 표시하므로 모티브 연결 시 기호를 확인하여 위치를 설정한다.
× 이 책에서 사용하는 실 브랜드인 코지울 프린트는 다섯 가지 컬러가 섞여 있는 실로 구간을 나누어 사용한다.

× 01 ×
모티브 연습하기: 미니 매트

가장 기본이 되는 메리야스뜨기로 모티브를 연습하는 도안입니다. 단색 모티브 여러 장으로도
쿠션, 담요, 가방을 만들 수 있습니다. 손뜨기를 처음 시작하는 분들은 차근차근 순서대로 연습해보세요.

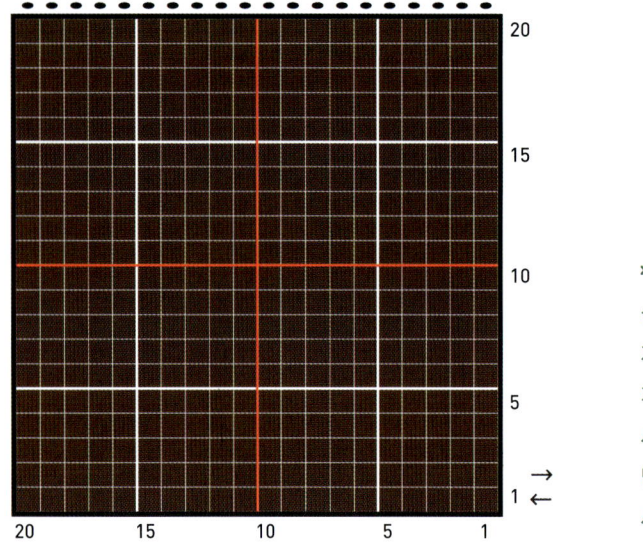

× READY

실 ■ C 코지울 브라운(K1892) 26g

재료와 도구 4mm 막대바늘, 돗바늘, 가위

게이지 16코×22단(10×10cm)

사이즈 14×13cm

난이도 ★

사용 기법 메리야스뜨기

● **참고 노트**   코막음할 때 실을 당겨 코막음하면 단 끝부분이 좁아지니 주의한다.

만드는 방법

1

도안을 참고하여 C실로 20코 기본코를 만든다.

2

첫 단을 겉뜨기한다. 1단 완성.

편물을 돌려 두 번째 단은 안뜨기한다. 2단 완성

20단까지 홀수는 겉뜨기, 짝수는 안뜨기로 뜬다.

처음 2코를 겉뜨기한 후 첫 코를 두 번째 코에 덮어 씌워서 코막음한다.

모든 코를 5번과 같은 방법으로 코막음한다.

20cm 정도 실을 여유 있게 자른 후, 바늘로 코에서 실을 빼내어 마무리한다.

메리야스뜨기의 단과 콧수 세기

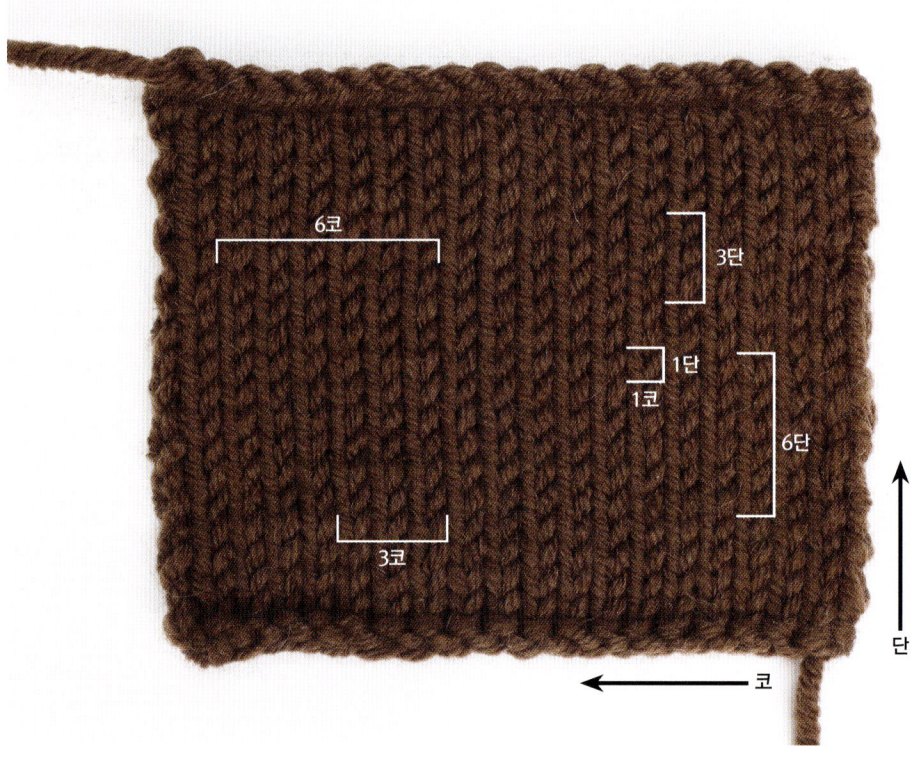

TIP

테두리가 있는 미니 매트 만들기

메리야스뜨기만 하면 편물이 돌돌 말리기 때문에 모티브 네 면에 아이코드 테두리로 티코스터를 만드는 방법을 소개합니다.

× **사용 기법**　　메리야스뜨기, 아이코드 코막음, 아이코드 테두리 만들기

마무리 방법

1

도안을 참고하여 20단까지 뜬 후 코막음을 하지 않고 준비한다.

2

20코를 아이코드 코막음한다.

3

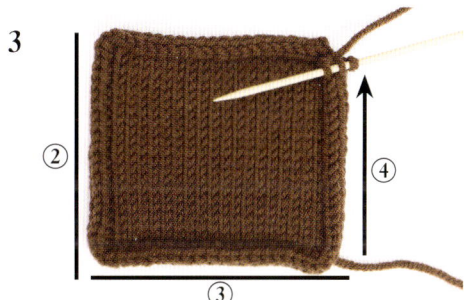

아이코드 테두리 만들기로 세 면을 작업한다.

4

3코를 남기고 실을 여유 있게 자른 후 돗바늘로 코를 이어서 테두리를 완성한다.

5

실꼬리는 테두리 중간 부분을 통과시켜 실을 감춘다.

6

인형뜨기의 여우와 층층나무, 버섯을 연결하여 장식하여 마무리한다.

× 02 ×
여우 얼굴 파우치

모티브 2장을 메리야스 코와 단 잇기 방법으로 세 면의 솔기를 잇고
한 면에 지퍼를 달아 파우치를 만드는 방법입니다.

파우치 앞면 파우치 뒷면

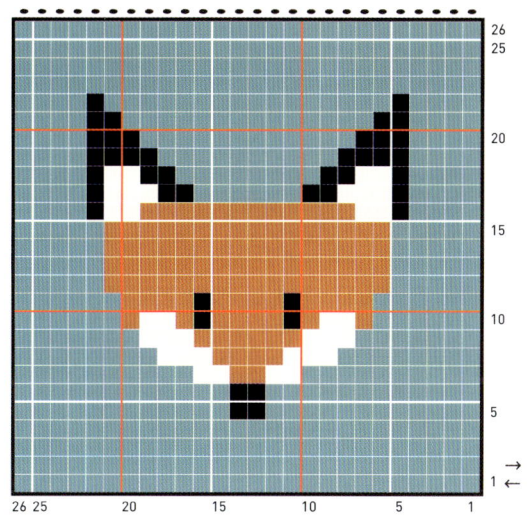
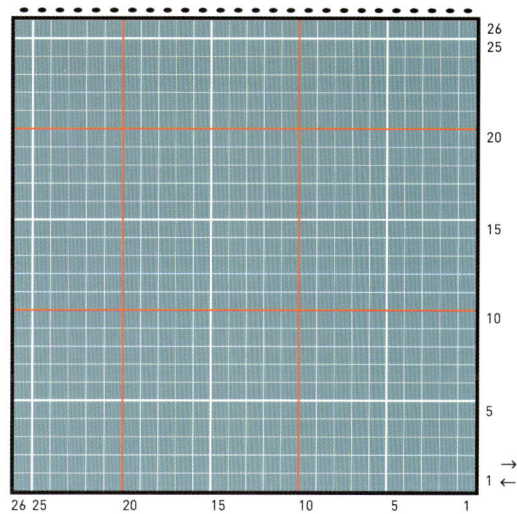

× **READY** **실** ☐ D 코지울 아이보리(K025) 2g
■ E 코지울 블랙(K940) 2g
▨ L 나코 메가울 녹차라떼메란지(23322) 50g
▨ O 코지울 인디오렌지(K1210) 5g

재료와 도구 4mm 막대바늘, 돗바늘, 가위, 시침핀, 안감 15.5×29cm 1장, 일반 바늘과 실, 지퍼 24cm, 수성펜, 자

게이지 16코×22단(10×10cm)

사이즈 14.5×12cm

× **사용 기법** 메리야스뜨기, 인타르시아(세로 배색), 편물 잇기

● **참고 노트** 1 인타르시아 연결 코가 느슨해지면 구멍이 생길 수도 있으니 주의한다.
2 눈 부분은 페어아일로 뜨지만 페어아일 배색이 익숙하지 않을 경우 편물이 울 수도 있으니 초보자는 인타르시아 기법으로 작업하는 것을 추천한다.

× HOW TO MAKE ×

마무리 방법

1

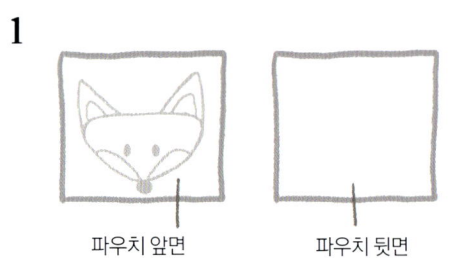

파우치 앞면   파우치 뒷면

2

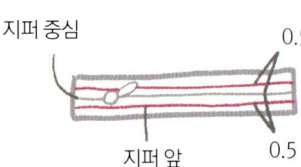

지퍼 중심   0.5
지퍼 앞   0.5

3

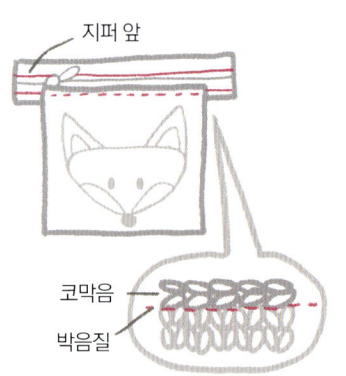

지퍼 앞
코막음
박음질

4

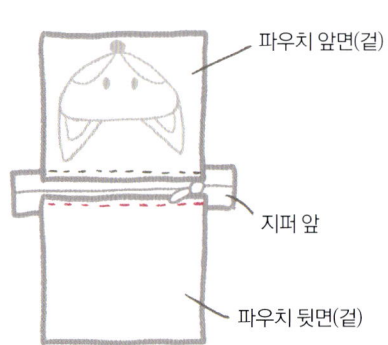

파우치 앞면(겉)
지퍼 앞
파우치 뒷면(겉)

5

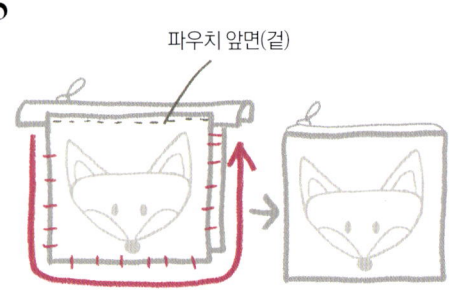

파우치 앞면(겉)

6

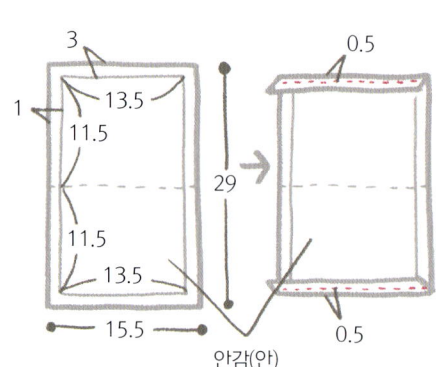

3
1
13.5
11.5
29
11.5
13.5
15.5
0.5
0.5
안감(안)

7

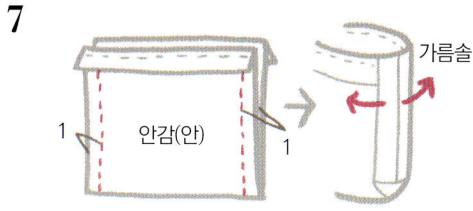

8

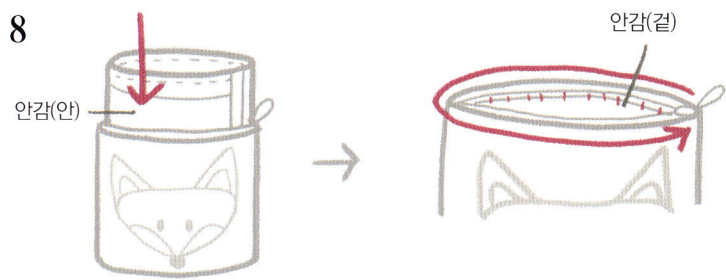

1 도안을 참고하여 파우치 앞, 뒷면 2장을 준비한다.

2 지퍼 앞면에 중심에서 밖으로 0.5cm 선을 표시한다.

3 지퍼 앞면 위에 파우치 앞면을 올리고, 지퍼에 표시된 선과 파우치 앞면 코막음한 곳 바로 아래를 같이 박음질한다.

4 파우치 뒷면과 지퍼도 3번과 같은 방법으로 박음질한다.

5 지퍼 부분을 제외한 세 면을 메리야스잇기로 솔기를 이어준다. 지퍼의 양쪽 끝 부분은 파우치 안쪽으로 넣어 정리한다.

6 안감의 위, 아래 3cm 시접을 접고 0.5cm 간격을 두고 홈질한다.

7 안감의 겉면이 서로 마주 보게 반으로 접고 양쪽 옆을 1cm 시접을 두고 박음질한다. 시접 부분은 가름솔로 정리한다.

8 파우치 안쪽으로 안감을 넣고, 안감과 지퍼를 시침질하여 완성한다.

× 03 ×
잔꽃 무늬 손가방

작은 꽃 패턴의 손가방입니다. 줄바늘을 사용하면 큰 사이즈의 편물을 한번에 뜰 수 있습니다.
줄바늘을 구입할 때는 작품 사이즈에 맞추어 줄의 길이를 선택합니다.

손가방 앞면

손가방 손잡이

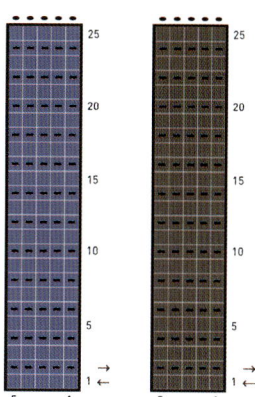

× **READY**

실
- ■ G 코지울 프린트 그린믹스_그린(H1874) 10g
- ▢ P 푼토 베이비레몬(M371) 20g
- ■ Q 코지울 빈티지블루(K1533) 60g
- ■ V 코지울 진그레이(K1003) 80g

재료와 도구 4mm 줄바늘(60cm), 돗바늘, 가위, 시침핀, 안감 30×31.5cm 1장, 일반 바늘과 실

게이지 16코×22단(10×10cm)

사이즈 34×32cm

× **사용 기법** 메리야스뜨기, 가터뜨기, 페어아일(가로 배색), 편물 잇기

● **참고 노트** 페어아일을 할 때 편물이 울지 않도록 실의 장력을 적절히 조절하는 것이 중요하다.

✶ HOW TO MAKE ✶

마무리 방법

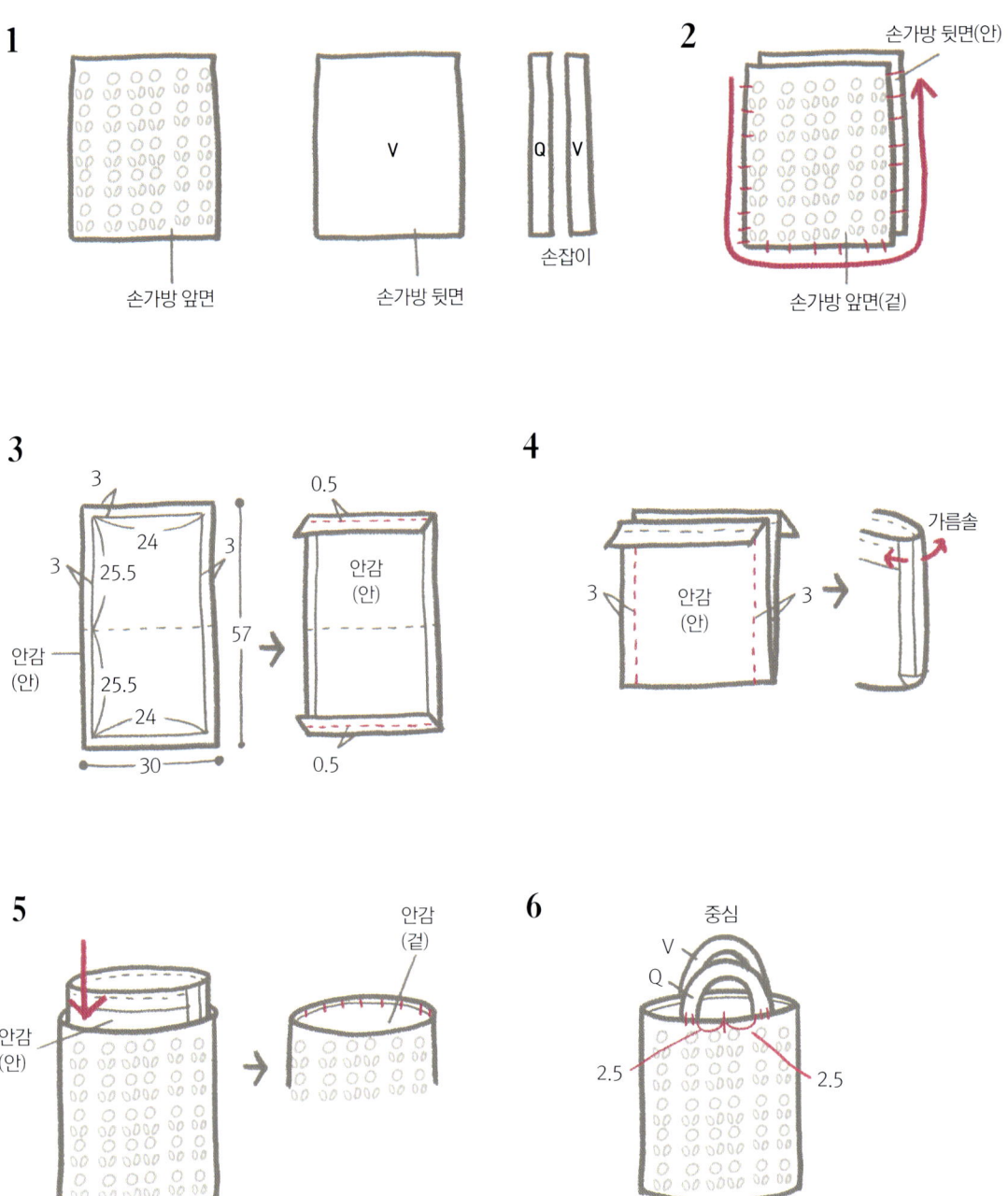

1 도안을 참고하여 손가방 앞면과 손잡이를 뜬다. 뒷면은 V실로 앞면 도안을 단색으로 뜬다.
2 손가방 앞면과 뒷면을 안쪽 면이 닿도록 포갠 후 세 면을 메리야스잇기로 솔기를 이어준다.
3 안감의 위, 아래 3cm 시접을 접고 0.5cm 간격을 두고 홈질한다.
4 안감의 겉면이 서로 마주 보게 반으로 접고 양쪽 옆을 3cm 시접을 두고 박음질한다.
   시접 부분은 가름솔로 정리한다.
5 손가방 안쪽으로 안감을 넣고, 안감과 손가방 안쪽을 시침질한다.
6 손가방 앞, 뒷면의 색을 확인 후 손잡이를 가방에 연결하여 완성한다.

× 04 ×
여우 쿠션

지퍼 없이 모든 면의 솔기를 연결하여 간단하게 쿠션을 완성할 수 있습니다.
완성 형태가 가로로 살짝 긴 형태로 40×40cm 쿠션 솜을 눌러 넣어 마무리해주세요.

난이도 ★★

여우 쿠션 앞면

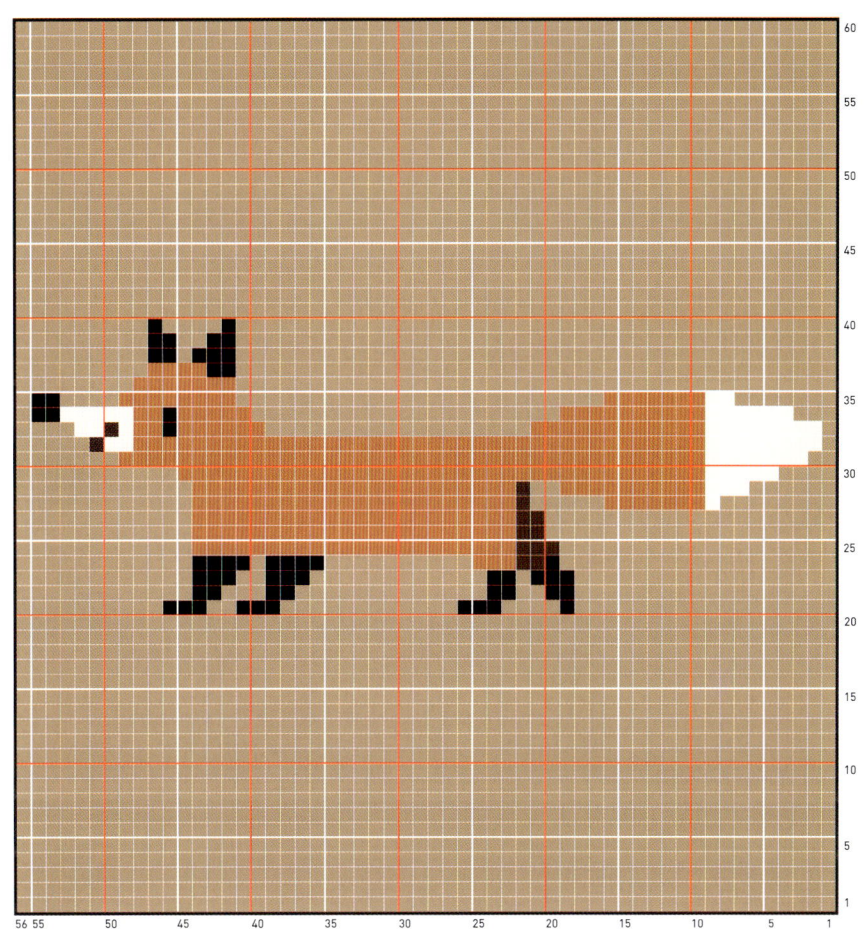

× **READY**

실 ■ C 코지울 브라운(K1892) 1g
　　□ D 코지울 아이보리(K025) 3g
　　■ E 코지울 블랙(K940) 3g
　　 O 코지울 인디오렌지(K1210) 20g
　　▨ R 코지울 베이지(K885) 80g
　　■ W 코지울 인디딥그린(K1480) 100g

재료와 도구 4mm 줄바늘(60cm), 돗바늘, 가위, 쿠션 솜 40×40cm

게이지 14코×18단(10×10cm)

사이즈 40×35cm

× **사용 기법** 메리야스뜨기, 인타르시아(세로 배색), 페어아일(가로 배색), 편물 잇기

● **참고 노트**
1 페어아일을 사용할 경우 편물이 울지 않도록 실의 장력을 적절히 조절하는 것이 중요하다.
2 인타르시아 연결 코가 느슨해지면 구멍이 생길 수 있으므로 주의한다.
3 모티브 코와 코잇기를 할 때는 세게 당겨 코의 간격이 좁아지지 않도록 주의한다.

× HOW TO MAKE ×

마무리 방법

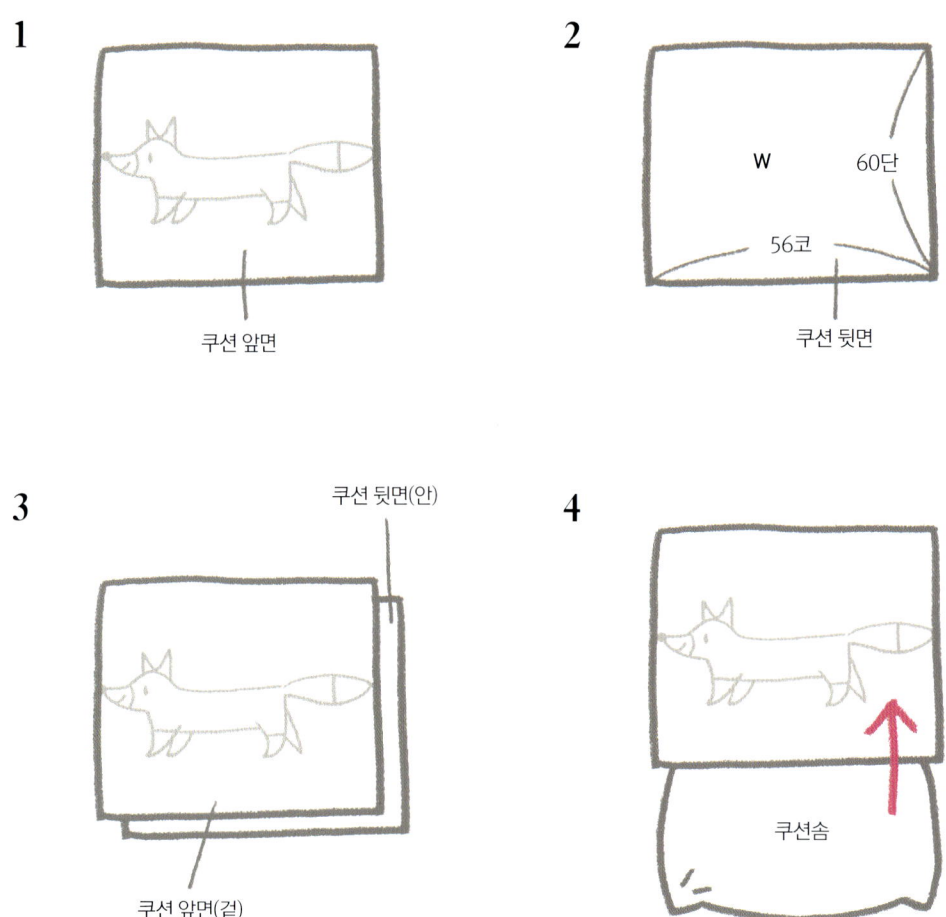

1 도안을 참고하여 쿠션의 앞면 1장을 준비한다(쿠션 앞면).
2 줄바늘로 W실, 56코×60단 메리야스뜨기로 쿠션 뒷면을 뜬다(쿠션 뒷면).
3 쿠션 겉면에서 세 면을 메리야스잇기로 솔기를 이어준다.
4 쿠션 솜을 눌러 넣어준 후 아랫면을 메리야스잇기로 완성한다.

× 05 ×
민들레 포인트 쿠션

단색 모티브와 몇 개의 포인트 무늬만으로도 심플하면서 귀여운 쿠션을 만들 수 있습니다.
꼭 도안대로 배치하지 않아도 좋아요. 자유롭게 배치해서 작품을 완성해보세요.

난이도 ★★

× **READY**

실
- ■ A 코지울 프린트 그린믹스_연그린(H1874) 16g
- ■ B 나코 봉쥬르 단호박(23689) 40g
- ■ C 코지울 브라운(K1892) 65g
- □ D 코지울 아이보리(K025) 10g
- ■ G 코지울 프린트 그린믹스_그린(H1874) 35g
- ■ H 코지울 프린트 그린믹스_다크그린(H1874) 3g
- □ J 코지울 베이비인디연핑크(K1873) 32g
- ■ L 나코 메가울 녹차라떼메란지(23322) 32g
- ■ O 코지울 인디오렌지(K1210) 1g
- □ P 푼토 베이비레몬(M371) 32g
- ■ Q 코지울 빈티지블루(K1533) 65g
- ■ S 푼토 인디연두(448) 16g
- ■ T 코지울 프린트 핑크믹스_자주핑크(H1876) 32g

재료와 도구 4mm 막대바늘과 줄바늘(60cm), 돗바늘, 가위, 시침핀, 일반 바늘과 실, 지퍼 40cm, 쿠션 솜 35×35cm, 수성펜, 자

게이지 16코×22단(10×10cm)

사이즈 24×32cm

× **사용 기법** 메리야스뜨기, 인타르시아(세로 배색), 페어아일(가로 배색), 편물 잇기

● **참고 노트**
1 페어아일을 사용할 경우 편물이 울지 않도록 실의 장력을 적절히 조절하는 것이 중요하다.
2 인타르시아 연결 코가 느슨해지면 구멍이 생길 수 있으므로 주의한다.
3 모티브 코와 코잇기를 할 때는 실을 세게 당기어 코의 간격이 좁아지지 않도록 주의한다.
4 단색 도안의 경우 사용하는 실의 기호로 표시하므로 모티브 연결 시 기호를 확인하여 위치를 설정한다.

民들레 포인트 쿠션 앞면

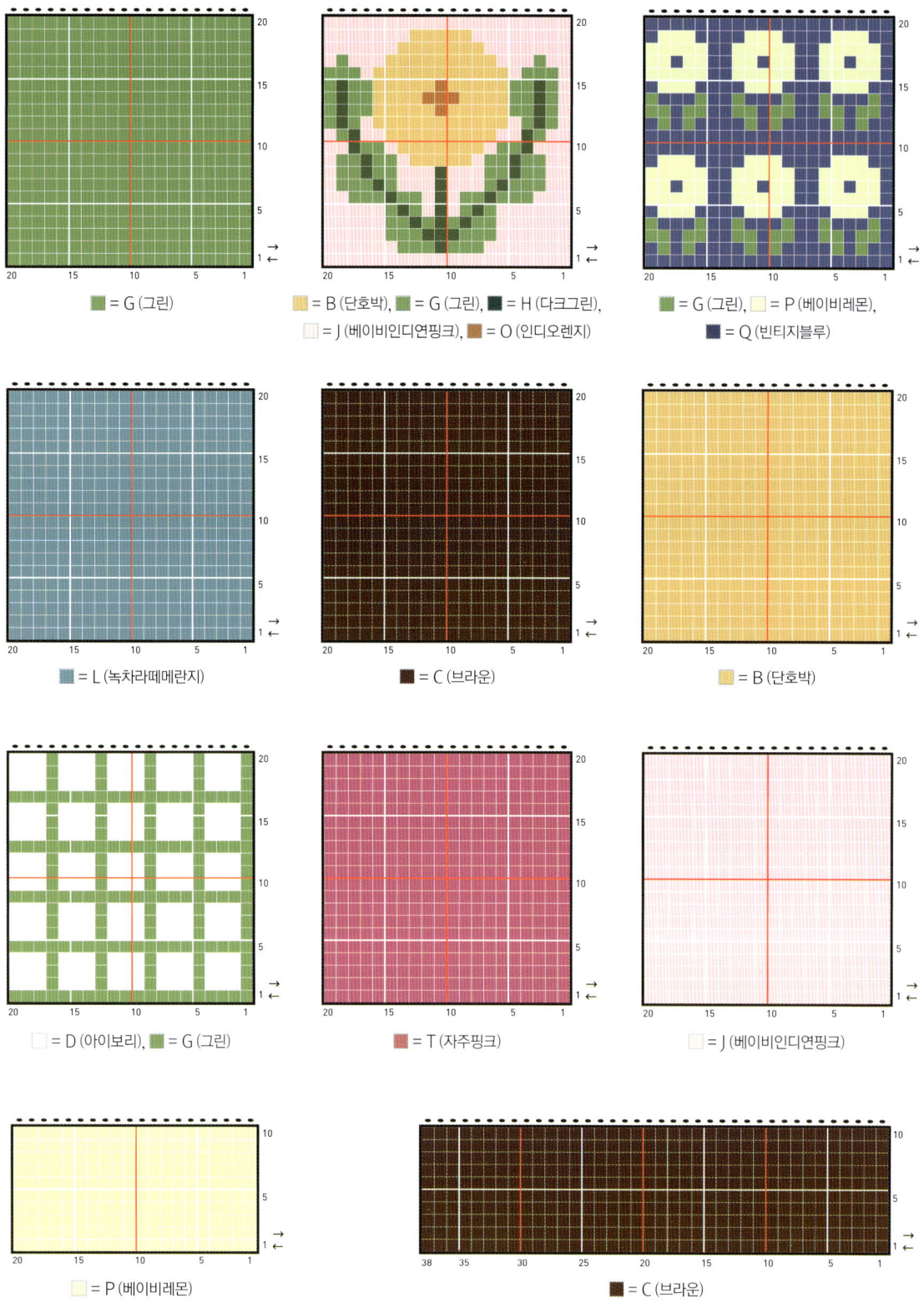

민들레 포인트 쿠션 뒷면

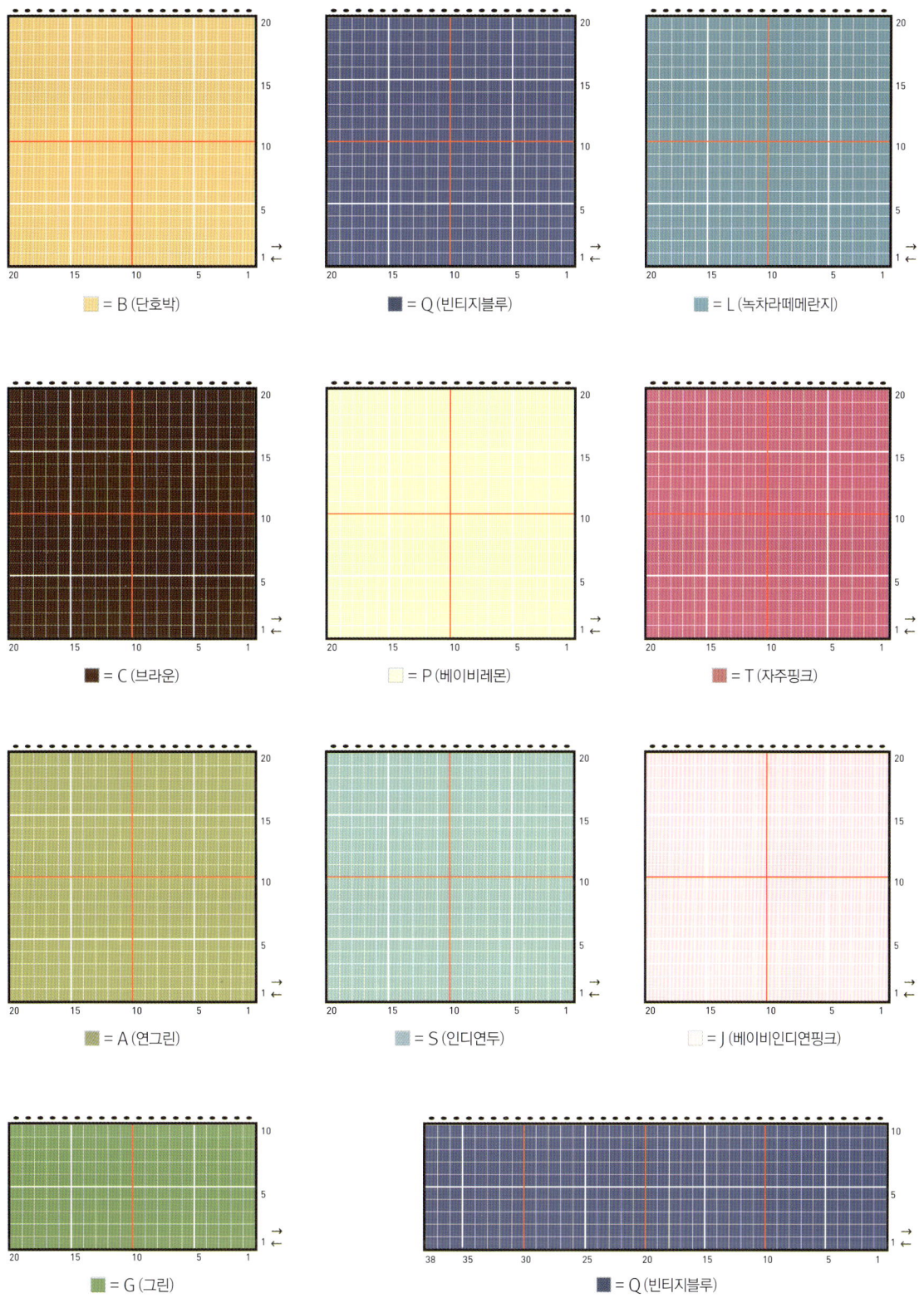

× HOW TO MAKE ×

마무리 방법

2
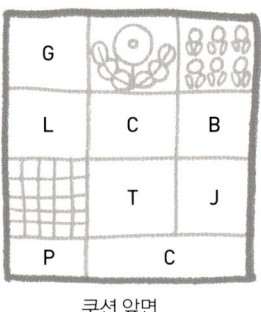
쿠션 앞면

3
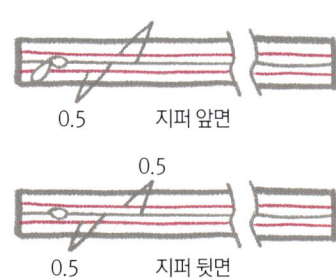
쿠션 뒷면

4
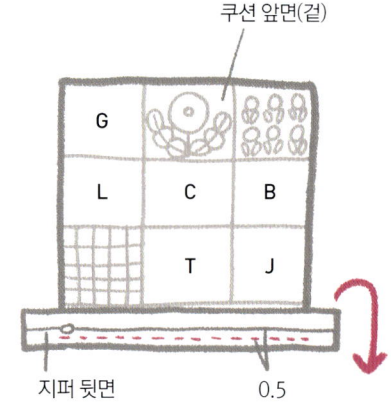

5
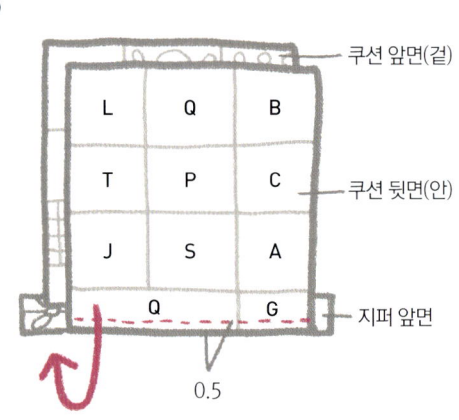

6
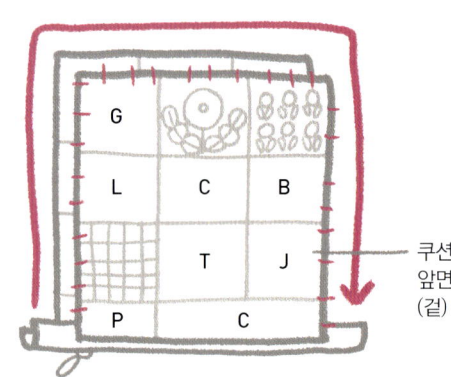

7

8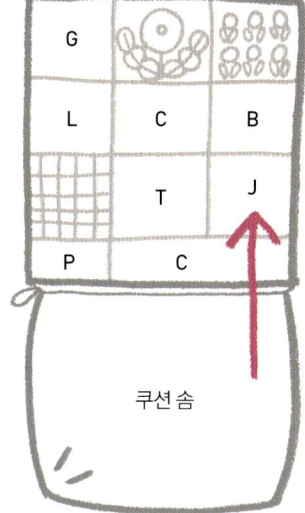

1 도안을 참고하여 총 22장의 모티브를 준비한다.
2 이미지를 참고하여 모티브를 배치하고 메리야스잇기로 솔기를 이어 연결한다(쿠션 앞면).
3 이미지를 참고하여 모티브를 연결한다(쿠션 뒷면).
4 지퍼 뒷면과 앞면에 중심에서 밖으로 0.5cm 선을 표시한다.
5 쿠션 앞면 아래에 지퍼의 뒷면을 올리고 지퍼에 표시된 0.5cm 선에 맞춰 박음질한 후 지퍼를 뒤집는다.
6 지퍼의 앞면 위에 쿠션 뒷면의 겉이 서로 마주보게 포갠 다음 지퍼에 표시된 0.5cm 선에 맞춰 박음질한 뒤, 쿠션 뒷면과 앞면의 안쪽 면이 서로 맞닿도록 놓는다.
7 지퍼 부분을 제외한 세 면을 메리야스잇기로 솔기를 이어준다.
   지퍼의 양쪽 끝 부분은 쿠션 안쪽으로 넣어 정리한다.
8 쿠션 솜을 넣어 완성한다.

× 06 ×
숲속 동물 친구들 쿠션

숲속 테마의 여러 모티브를 연결하여 만드는 쿠션입니다. 뒷면은 단색으로
74코×104단 메리야스뜨기를 하거나, 쿠션 앞면과 동일한 모티브를 한 장씩 더 떠서
앞 뒤를 동일하게 만들 수도 있으니 원하는 방법을 선택하여 작품을 완성해주세요.

난이도
★★

× READY

실
- A 코지울 프린트 그린믹스_연그린(H1874) 24g
- B 나코 봉쥬르 단호박(23689) 28g
- C 코지울 브라운(K1892) 250g
- D 코지울 아이보리(K025) 30g
- E 코지울 블랙(K940) 16g
- F 나코 봉쥬르 진아이보리(23688) 20g
- G 코지울 프린트 그린믹스_그린(H1874) 30g
- H 코지울 프린트 그린믹스_다크그린(H1874) 5g
- I 코지울 레드(K150) 40g
- J 코지울 베이비인디연핑크(K1873) 10g
- K 울티마 인디핑크(2276) 1g
- L 나코 메가울 녹차라떼메란지(23322) 16g
- M 모드2 진카멜(106) 10g
- N 밀크 진브라운(07) 1g
- O 코지울 인디오렌지(K1210) 32g
- P 푼토 베이비레몬(M371) 6g
- Q 코지울 빈티지블루(K1533) 10g
- R 코지울 베이지(K885) 32g

재료와 도구 4mm 막대바늘과 줄바늘(60cm), 돗바늘, 가위, 시침핀, 일반 바늘과 실, 지퍼 50cm, 쿠션 솜 45×45cm, 수성펜, 자

게이지 16코×22단(10×10cm)

사이즈 46×46cm

× **사용 기법** 메리야스뜨기, 인타르시아(세로 배색), 페어아일(가로 배색), 편물 잇기

● **참고 노트**
1 페어아일을 사용할 경우 편물이 울지 않도록 실의 장력을 적절히 조절하는 것이 중요하다.
2 인타르시아 연결 코가 느슨해지면 구멍이 생길 수 있으므로 주의한다.
3 모티브 코와 코 잇기를 할 때는 세게 당겨 코의 간격이 좁아지지 않도록 주의한다.
4 단색 도안의 경우 사용하는 실의 기호를 표시하므로 모티브 연결 시 기호를 확인하여 위치를 설정한다.

쿠션 앞면

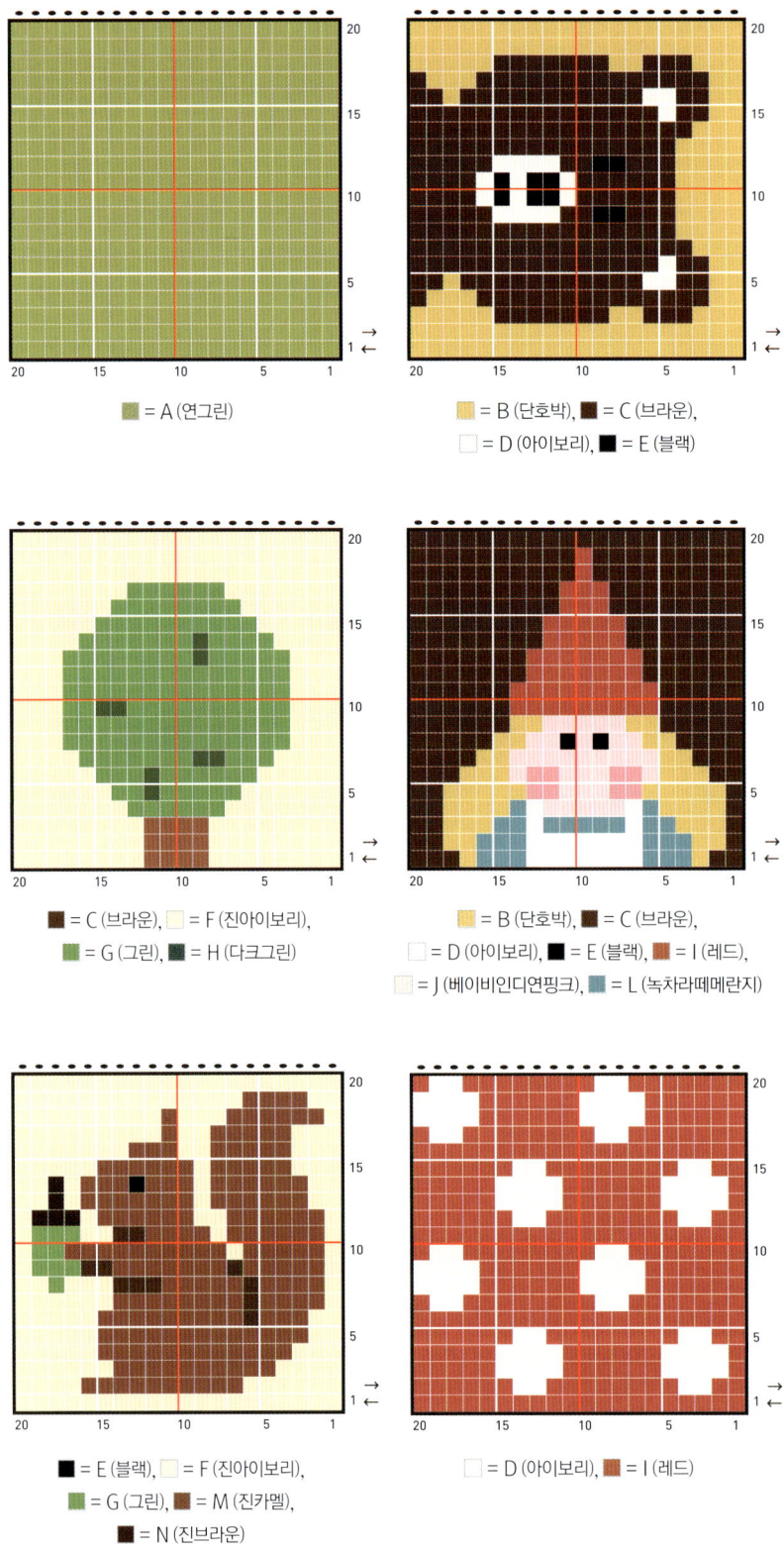

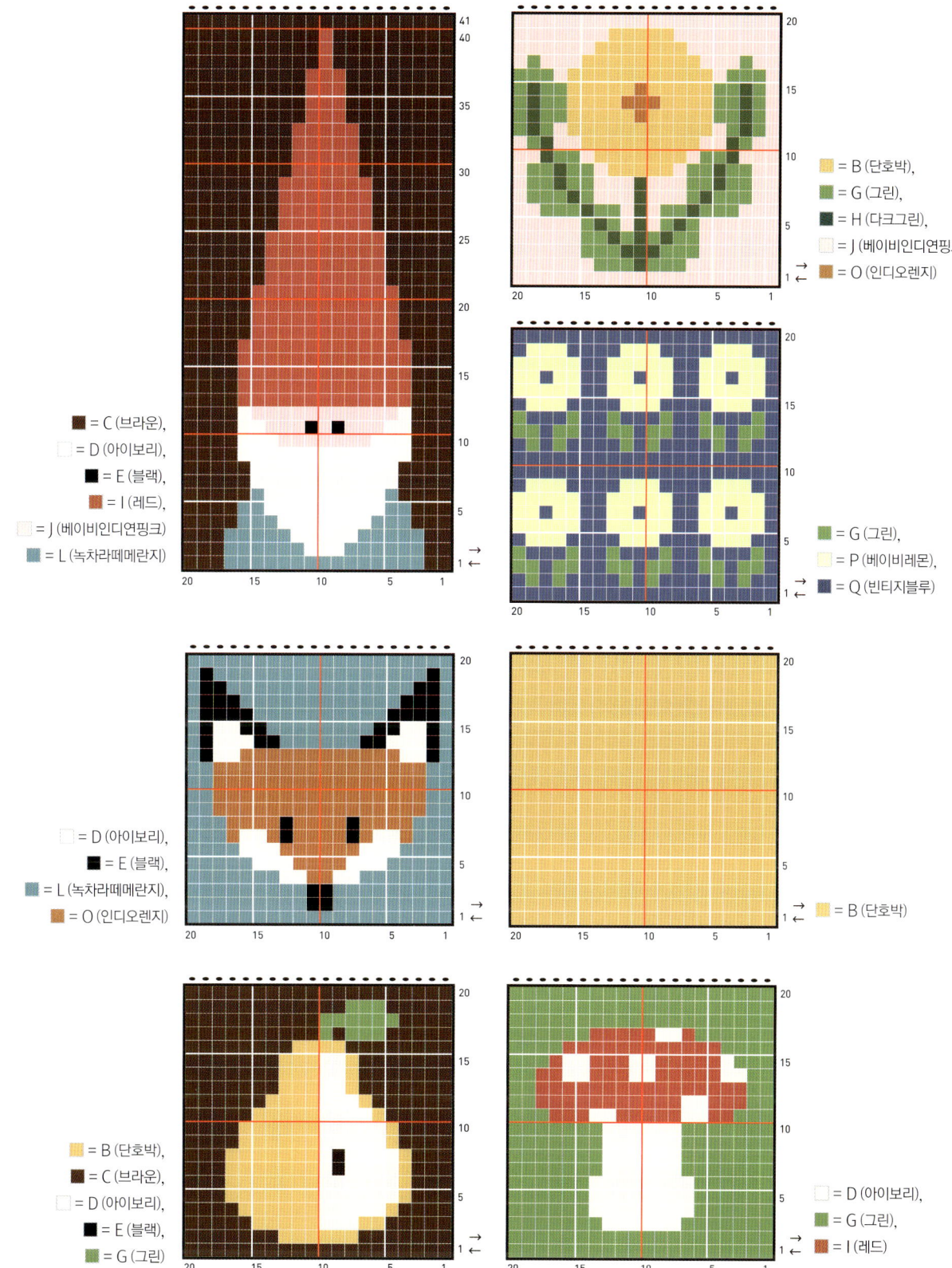

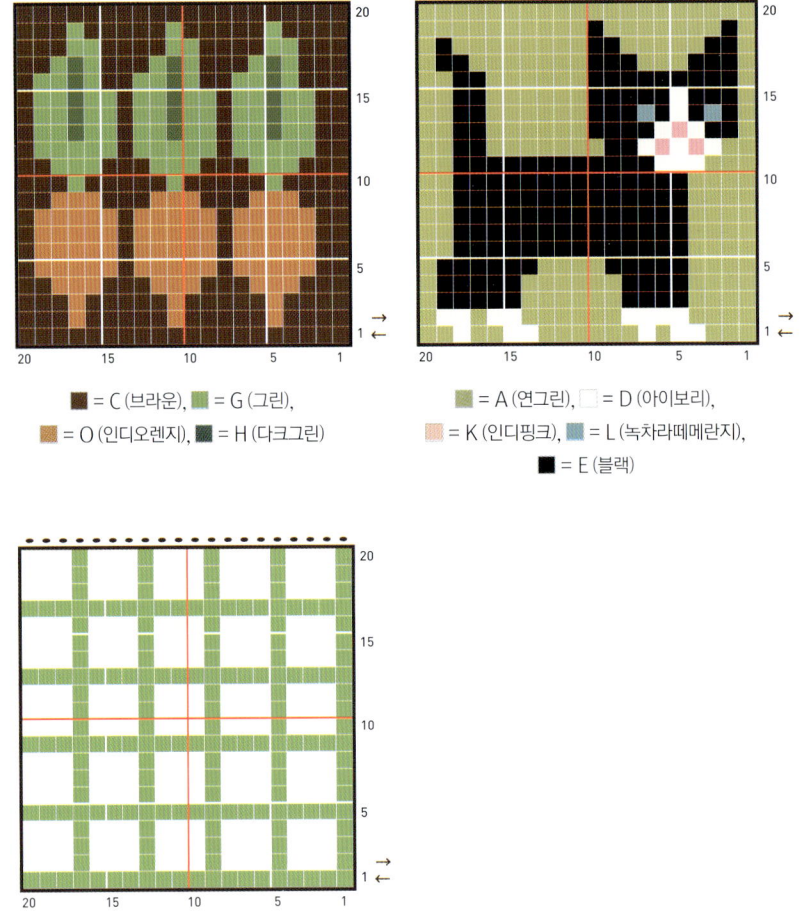

■ = C (브라운), ■ = G (그린),
■ = O (인디오렌지), ■ = H (다크그린)

■ = A (연그린), □ = D (아이보리),
■ = K (인디핑크), ■ = L (녹차라떼메란지),
■ = E (블랙)

□ = D (아이보리), ■ = G (그린)

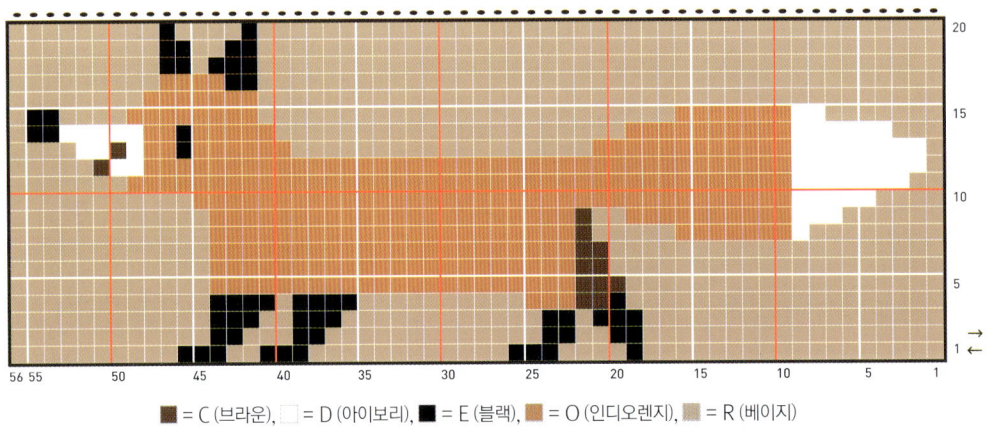

■ = C (브라운), □ = D (아이보리), ■ = E (블랙), ■ = O (인디오렌지), ■ = R (베이지)

× HOW TO MAKE ×

마무리 방법

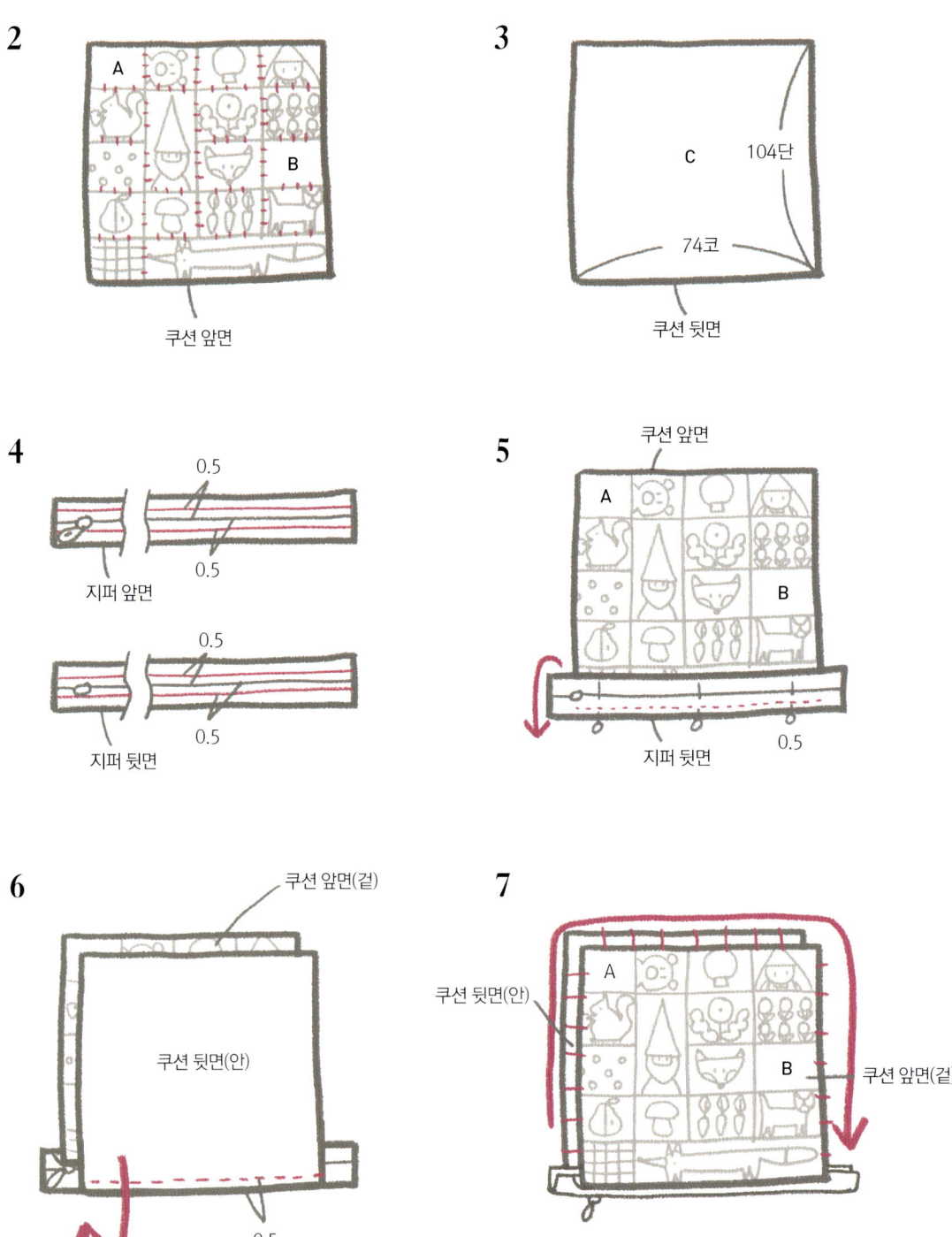

8

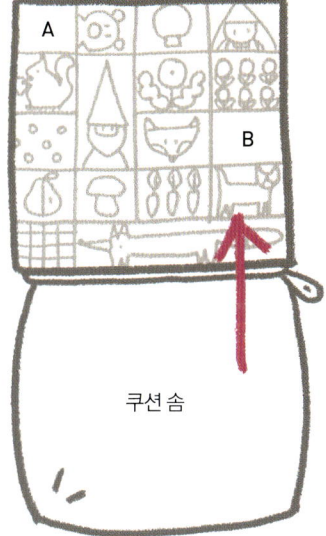

1. 도안을 참고하여 모티브를 총 17장 준비한다.
2. 이미지를 참고하여 모티브를 배치하고 메리야스잇기로 솔기를 이어 연결한다(쿠션 앞면).
3. 줄바늘로 C실, 74코×104단을 메리야스뜨기하여 쿠션 뒷면을 뜬다(쿠션 뒷면).
4. 지퍼의 뒷면에 지퍼 중심에서 밖으로 0.5cm 선을 표시한다.
5. 쿠션 앞면 아래에 지퍼의 뒷면을 올리고 지퍼에 표시된 0.5cm 선에 맞춰 박음질하고 지퍼를 뒤집는다.
6. 지퍼의 앞면 위에 쿠션 뒷면의 겉이 서로 마주 보게 포갠 다음 지퍼에 표시된 0.5cm 선에 맞춰 박음질한다. 그 다음 쿠션 뒷면과 앞면의 안쪽 면이 서로 맞닿도록 놓는다.
7. 지퍼 부분을 제외한 세 면을 메리야스잇기로 솔기를 이어준다. 지퍼의 양쪽 끝 부분은 쿠션 안쪽으로 넣어 정리한다.
8. 쿠션 솜을 넣어 완성한다.

× 07 ×
숲속 동물 친구들 블랭킷

각각의 모티브를 모두 연결한 다음 아이코드 테두리 만들기로 편물 가장자리를 마무리합니다.
편물 가장자리를 정리하는 방법도 여러 가지가 있지만 이 방법을 사용하면 튜브 편직물이 가장자리를 감싸게 되어서
볼륨감 있는 테두리로 마무리됩니다. 쿠션 도안보다 2코, 2단이 늘어난 확장형 도안입니다.

난이도
★★★

× READY   실   ■ A 코지울 프린트 그린믹스_연그린(H1874) 24g
■ B 나코 봉쥬르 단호박(23689) 44g
■ C 코지울 브라운(K1892) 166g
□ D 코지울 아이보리(K025) 56g
■ E 코지울 블랙(K940) 18g
□ F 나코 봉쥬르 봉쥬르 진아이보리(23688) 30g
■ G 코지울 프린트 그린믹스_그린(H1874) 52g
■ H 코지울 프린트 그린믹스_다크그린(H1874) 17g
■ I 코지울 레드(K150) 40g
□ J 코지울 베이비인디연핑크(K1873) 10g
■ K 울티마 인디핑크(2276) 1g
■ L 나코 메가울 녹차라떼메란지(23322) 26g
■ M 모드2 진카멜(106) 10g
■ N 밀크 진브라운(07) 1g
■ O 코지울 인디오렌지(K1210) 54g
□ P 푼토 베이비레몬(M371) 12g
■ Q 코지울 빈티지블루(K1533) 20g
■ R 코지울 베이지(K885) 32g

재료와 도구   5mm 막대바늘과 줄바늘(60cm), 돗바늘, 가위, 시침핀, 안감 81.5×61cm 1장, 일반 바늘과 실

게이지   16코×22단(10×10cm)

사이즈   75.5×55cm

× **사용 기법**   메리야스뜨기, 인타르시아(세로 배색), 페어아일(가로 배색), 편물 잇기, 아이코드 테두리 만들기

● **참고 노트**
1 페어아일을 사용할 경우 편물이 울지 않도록 실의 장력을 적절히 조절하는 것이 중요하다.
2 인타르시아 연결 코가 느슨해지면 구멍이 생길 수 있으므로 주의한다.
3 모티브 코와 코잇기를 할 때는 세게 당기어 코의 간격이 좁아지지 않도록 주의한다.
4 단부분을 아이코드 테두리 만들기 할 때는 실을 당기어 작업하는 것이 좋다.
5 뒷면을 천으로 감싸기 때문에 실꼬리는 풀어지지 않도록 주변의 실끼리 묶어만 주어도 된다.
6 단색 도안의 경우 사용하는 실의 기호를 표시하므로 모티브 연결 시 기호를 확인하여 위치를 설정한다.

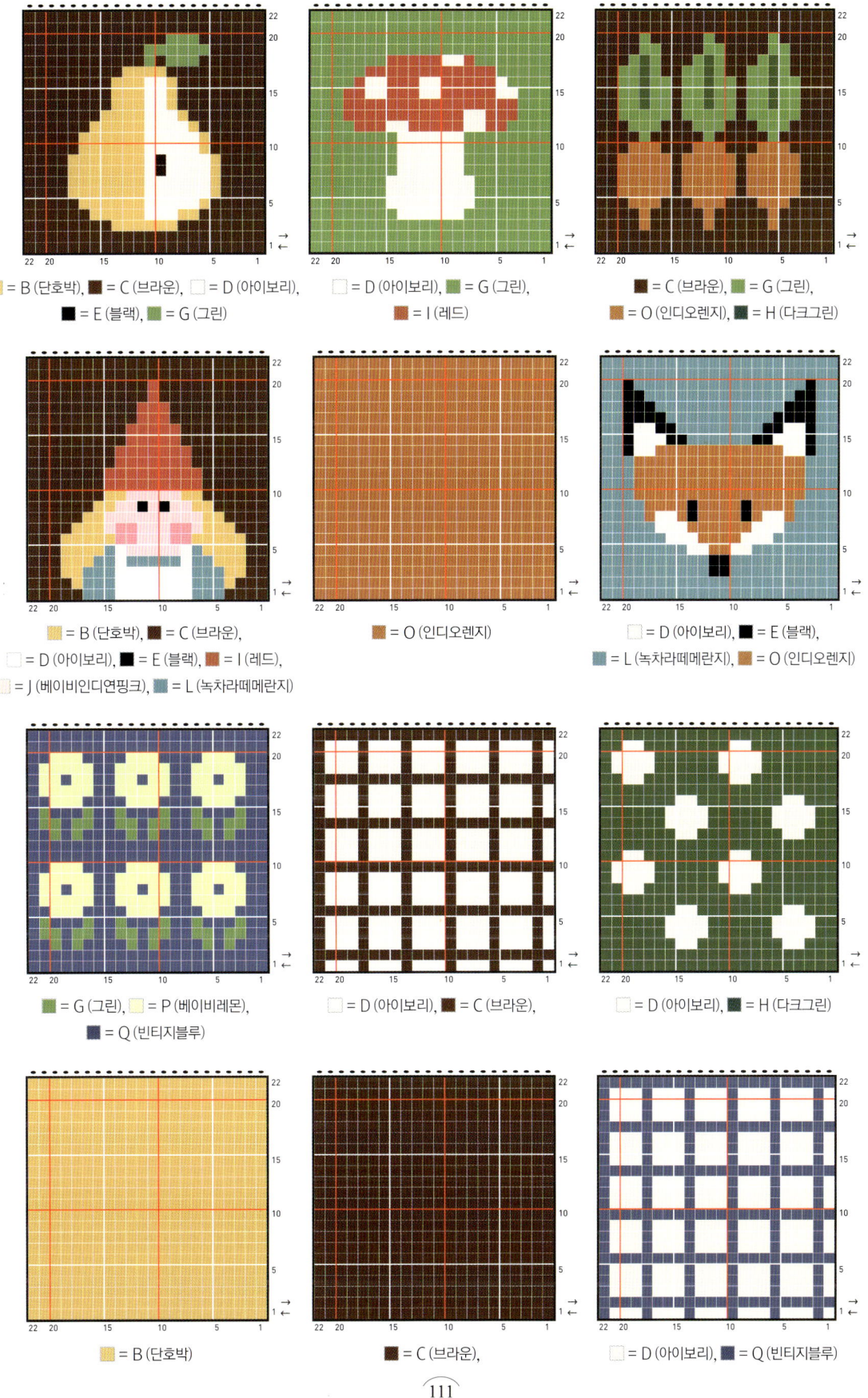

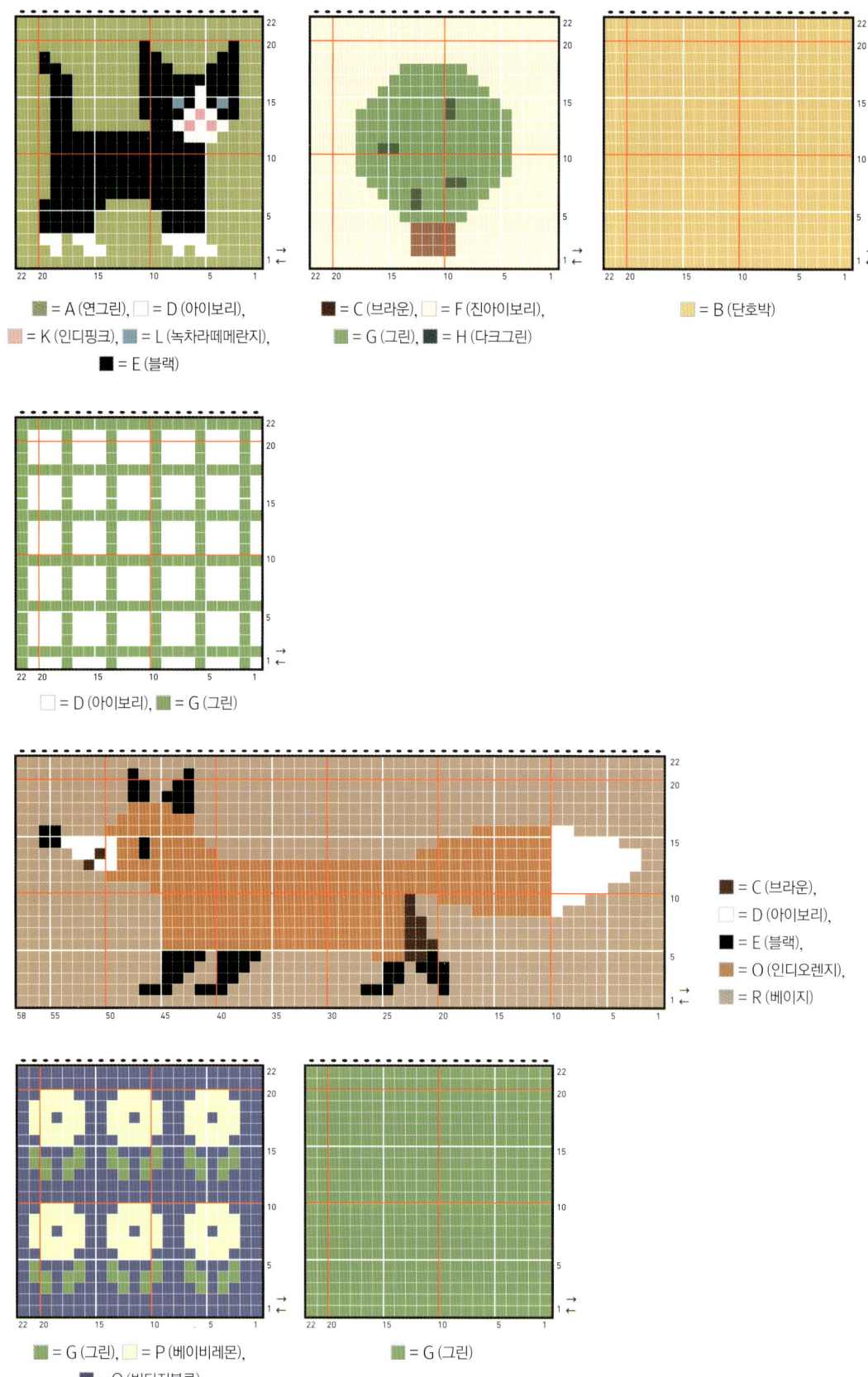

마무리 방법

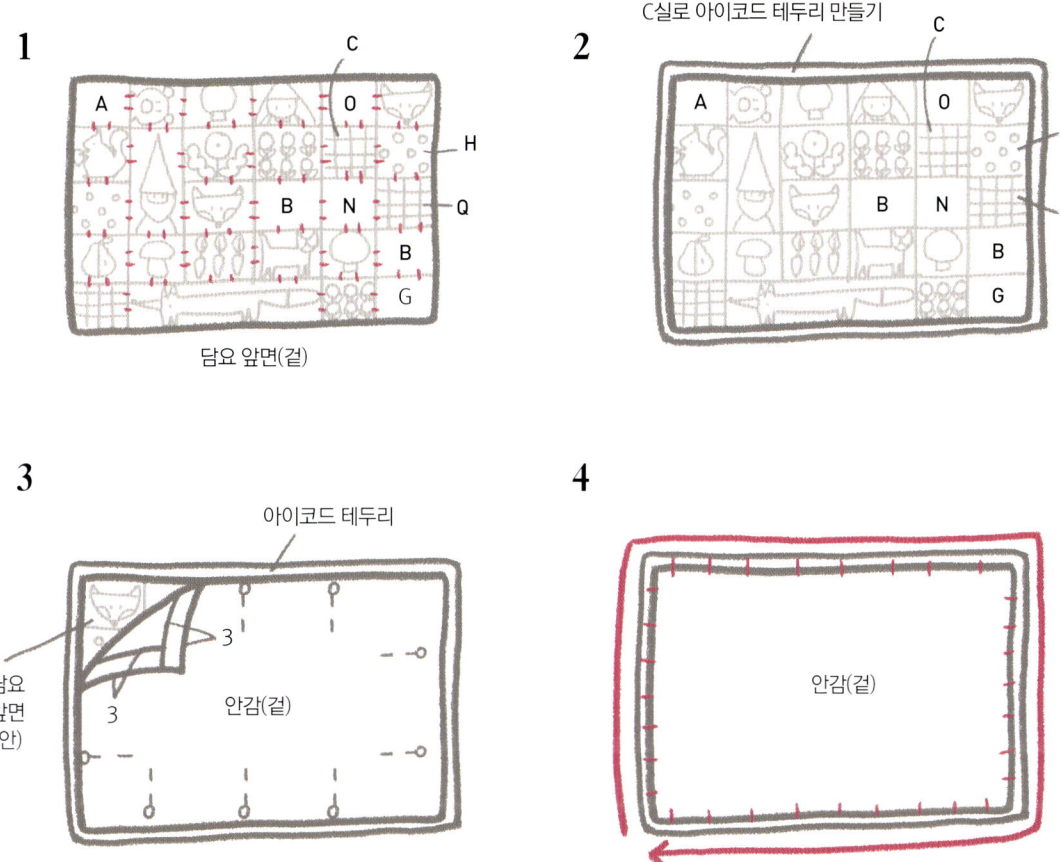

1. 도안을 참고하여 모티브 27장 준비한다.
2. 이미지를 참고하여 모티브를 배치하고 메리야스잇기로 솔기를 이어 연결한다.
3. C실로 아이코드 테두리 만들기로 네 면을 작업한다. 뒷면의 실을 모두 정리한다 (p.56 '아이코드 테두리 만들기' 참고).
4. 안감의 네 면의 3cm 시접을 접은 후 담요 뒷면에 시침핀으로 네 면을 고정시킨다.
5. 담요와 안감을 시침질로 바느질한다.

CHAPTER 04

× × × ×

인형뜨기

서술형 도안을 보는 방법을 익히면 작고 앙증맞은 인형을 즐길 수 있습니다.
작은 인형들을 만들어서 브로치, 손가락 인형, 키링, 리스, 크리스마스 오너먼트,
모빌로 조합하여 인테리어 소품으로 만들어 장식해보세요.

✅ **체크 포인트**

× 인형 도안은 서술 도안을 사용한다.
× p.17의 뜨개법과 약어를 확인하고 p.16의 서술 도안 포인트 내용을 확인한다.
× 손뜨개 기초 수업의 뜨개법을 참고하여 작업한다.
× 바느질을 위해 시작과 끝부분의 실꼬리는 여유 있게 남긴다.
× 솔기를 이을 때 실꼬리가 짧거나 부족할 경우 새로운 실을 기존 실에 묶어서 사용한다.
× 솔기 잇기가 끝난 실은 편물 뒷면의 시접 부분에 감침질하거나 안쪽에 넣어 정리한다.
× 솔기를 잇는 부분은 뒷면으로 사용한다.
× 솜을 채워 넣을 때 편물이 늘어나지 않을 정도로 넣는다.
× 특별한 경우를 제외하고는 겉뜨기 면을 앞면으로 사용한다.
× 인형뜨기에 사용하는 실은 기호별 색실이 고정되어 있지 않다.

숲속 소재들

× 01 ×
숲속 나무들

여러 형태의 숲속 나무를 만드는 도안입니다. 앙증맞은 나무들은 브로치, 키 링, 모빌 등 다른 아이템들과 조합하여 사용하기 좋은 디자인입니다. 실 색상은 초록색 외에도 주황색부터 붉은색까지 알록달록 단풍 느낌으로 다양하게 사용해 보세요.

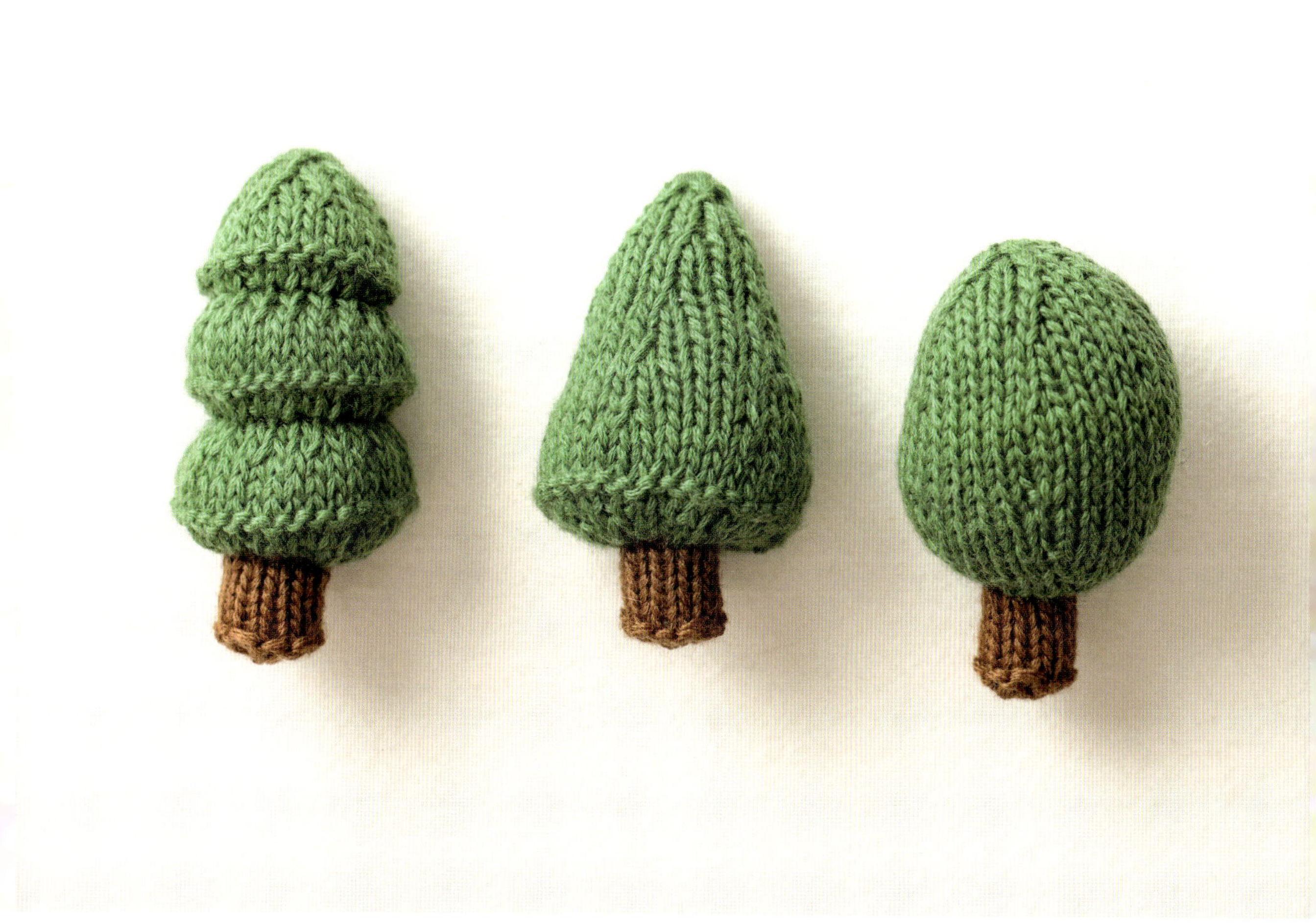

READY

실
- A 피카소울 6ply 풀잎그린(28번) 12g
- B 피카소울 6ply 브라운(18번) 3g

재료와 도구 3mm 막대 바늘, 돗바늘, 가위, 겸자, 시침핀, 솜 각 3g씩 총 9g

게이지 13코×19단 (5×5cm)

사이즈
- 둥근 나무 4.5×7cm
- 세모 나무 4.5×8cm
- 층층나무 4.5×8.5cm

사용 기법과 약어

- 기본코 만들기 = 기본코 만들기 cast on
- 겉뜨기 = 겉 k
- 안뜨기 = 안 p
- 코 늘리기 = 코 늘리기 kfb
- 겉뜨기로 2코 모아뜨기 = 2코 모아뜨기 k2tog
- 메리야스뜨기 = 메리야스뜨기 st-st
- 코조임 = 코조임 b&t
- 코막음 = 코막음 cast off

참고 노트

1 둥근 나무, 세모 나무, 층층나무 모두 조립 방법은 동일하다.
2 세모 나무와 층층나무의 길이 조절을 할 수 있으니 tip을 참고한다.

HOW TO MAKE

둥근 나무 ⓐ

A실로 6코 기본코 만들기 ★

단	
1단	안뜨기
2단	모든 코 늘리기 (12코)
3단	안뜨기
4단	(겉1, 코 늘리기)×6번 (18코)
5단	안뜨기
6단	(겉2, 코 늘리기)×6번 (24코)
7단	안뜨기
8단	(겉3, 코 늘리기)×6번 (30코)
9-11단	메리야스뜨기 3단
12단	(겉4, 코 늘리기)×6번 (36코)
13-17단	메리야스뜨기 5단
18단	(겉4, 2코 모아뜨기)×6번 (30코)
19-21단	메리야스뜨기 3단
22단	(겉3, 2코 모아뜨기)×6번 (24코)
23단	안뜨기
24단	(겉2, 2코 모아뜨기)×6번 (18코)
25단	안뜨기
26단	(겉1, 2코 모아뜨기)×6번 (12코)
27단	안뜨기
28단	2코 모아뜨기×6번 (6코)

코조임

세모 나무 ⓐ

A실로 6코 기본코 만들기 ★

단	
1단	안뜨기
2단	모든 코 늘리기 (12코)
3단	안뜨기
4단	모든 코 늘리기 (24코)
5단	안뜨기
6단	(겉1, 코 늘리기)×12번 (36코)
7단	안뜨기
8단	안뜨기
9-11단	안뜨기로 시작, 메리야스뜨기 3단
12단	(겉4, 2코 모아뜨기)×6번 (30코)
13-15단	메리야스뜨기 3단
16단	(겉3, 2코 모아뜨기)×6번 (24코)
17-19단	메리야스뜨기 3단
20단	(겉2, 2코 모아뜨기)×6번 (18코)
21-23단	메리야스뜨기 3단
24단	(겉1, 2코 모아뜨기)×6번 (12코)
25-27단	메리야스뜨기 3단
28단	2코 모아뜨기×6번 (6코)
29단	안뜨기

코조임

기둥 ⓑ

B실로 6코 기본코 만들기

단	
1단	겉뜨기로 시작, 모든 코 늘리기 (12코)
2단	겉뜨기
3-8단	겉뜨기로 시작, 메리야스뜨기 6단

코막음 ●

기둥 ⓑ

B실로 6코 기본코 만들기

단	
1단	겉뜨기로 시작, 모든 코 늘리기 (12코)
2단	겉뜨기
3-8단	겉뜨기로 시작, 메리야스뜨기 6단

코막음 ●

층층나무 ⓐ

A실로 6코 기본코 만들기 ★

1단	안뜨기
2단	모든 코 늘리기 (12코)
3단	안뜨기
4단	모든 코 늘리기 (24코)
5단	안뜨기
6단	(겉1, 코 늘리기)×12번 (36코)
7단	안뜨기
8단	안뜨기
9-11단	안뜨기로 시작, 메리아스뜨기 3단
12단	(겉1, 2코 모아뜨기)×12번 (24코)
13단	안뜨기 ▲
14단	(겉1, 코 늘리기)×12번 (36코)
15단	안뜨기
16단	안뜨기
17-19단	안뜨기로 시작, 메리아스뜨기 3단
20단	2코 모아뜨기×18번 (18코)
21단	안뜨기 ▲
22단	(겉1, 코 늘리기)×9번 (27코)
23단	안뜨기
24단	안뜨기
25-27단	안뜨기로 시작, 메리아스뜨기 3단
28단	(겉1, 2코 모아뜨기)×9번 (18코)
29단	안뜨기
30단	(겉1, 2코 모아뜨기)×6번 (12코)
31단	안뜨기
32단	2코 모아뜨기×6번 (6코)
33단	안뜨기
	코조임

기둥 ⓑ

B실로 6코 기본코 만들기

1단	겉뜨기로 시작, 모든 코 늘리기 (12코)
2단	겉뜨기
3-8단	겉뜨기로 시작, 메리야스뜨기 6단
	코막음 ●

둥근 나무 뜨는 방법

1 A실로 6코 기본코를 만든다. ❶
2 도안의 단수와 콧수를 확인 하면서 17단까지 뜬다. ❷
3 도안의 단수와 콧수를 확인하면서 28단까지 뜬다. ❸
4 바느질 할 실 20cm정도 실꼬리를 남기고 자른 뒤 돗바늘을 연결한다. ❹
5 실꼬리가 연결되어 있는 반대쪽 코부터 바늘을 통과시킨다. ❺
6 바늘을 빼낸 뒤 실을 당겨 오므린다. ❻의 ⓐ
7 B실로 6코 기본코를 만든다. ❼
8 도안의 단수와 콧수를 확인 하면서 8단까지 뜬다. ❽
9 모든 코를 코막음을 한다. ❾의 ⓑ

× HOW TO MAKE ×

둥근 나무 조립 방법

1

도안을 참고하여 ⓐ, ⓑ를 준비한다.

2

솔기 잇는 사진　　　　실을 당겨 오므리는 사진

ⓐ의 솔기 부분을 메리야스 단 잇기로 창구멍을 남기고 이어준 뒤 실을 당겨 깔끔히 연결한다. 이때 실을 너무 당겨 편물이 울지 않도록 한다.

3

창구멍을 통해 겸자를 이용하여 솜을 채워 넣어 형태를 잡는다.

4

창구멍은 실꼬리가 연결되어 있는 반대쪽 코부터 바늘을 밖에서 안으로 통과시킨다.

모든 코를 같은 방법으로 바늘을 통과시킨 뒤 실을 당겨 오므린다.

실꼬리는 바늘을 멀리 통과시켜 실을 잘라 정리한다. 나머지 실꼬리도 같은 방법으로 정리한다.

모든 코를 같은 방법으로 바늘을 통과시킨 뒤 실을 당겨 오므린다.

실꼬리는 바늘을 멀리 통과시켜 실을 잘라 정리한다. 나머지 실꼬리도 같은 방법으로 정리한다.

솔기 부분은 메리야스 단 잇기로 이어준다.

겸자를 이용하여 솜을 채워 넣는다. 돗바늘을 빼낸 짧은 실꼬리는 솜과 함께 안으로 넣어 감춘다.

11

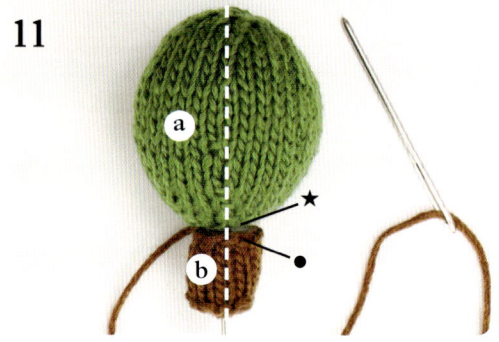

ⓐ의 ★부분에 중심축에 맞추어 ⓑ의 ●를 시침핀을 고정 시킨다.

12

ⓑ의 코막음한 부분의 실꼬리에 돗바늘을 연결한 뒤, ⓐ의 ⓑ가 닿는 부분의 v코에 바늘을 통과시킨다.

13

ⓑ의 ∧코에 바늘을 통과시킨다.

14

12, 13번을 번갈아가면서 ⓐ, ⓑ를 바느질 한 뒤 실을 당겨 연결한다.

15

꼬리는 바늘을 멀리 통과시켜 실을 잘라 정리한다.

16

완성된 모습.

× HOW TO MAKE ×

세모 나무 조립 방법

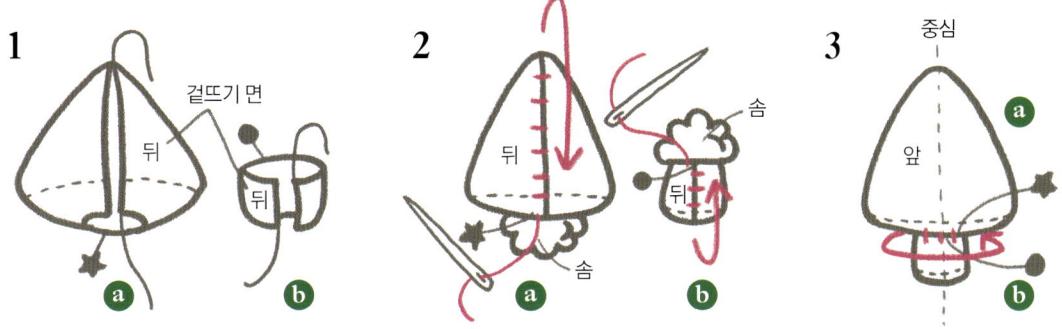

1. ⓐ, ⓑ 도안의 단수와 콧수를 확인하면서 뜬다.
2. ⓐ는 화살표 방향으로 솔기를 잇고 솜을 채워 넣은 뒤 창구멍을 막는다. ⓑ는 기본코 부분을 코조임한 다음 화살표 방향으로 솔기를 잇고 실꼬리는 정리하지 않고 남겨둔다. ⓑ도 솜을 채워 넣는다.
3. ⓐ의 중심축에 맞추어 ⓑ를 연결한다.

> **TIP**
> 도안의 9-11단의 메리야스뜨기 3단을 5단, 7단, 9단으로 늘려서 나무의 길이를 조절할 수 있습니다.

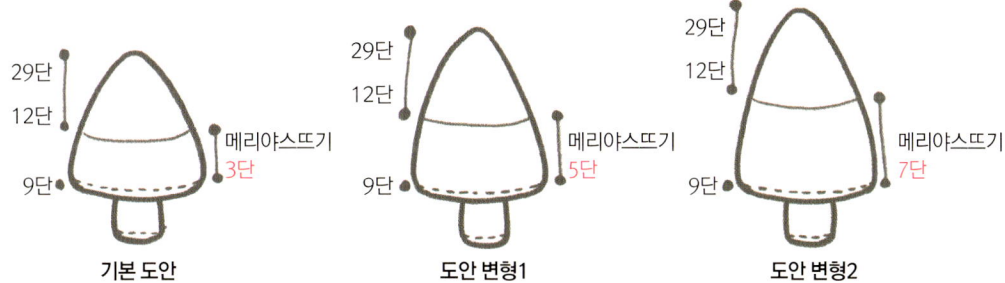

× HOW TO MAKE ×

층층나무 조립 방법

1

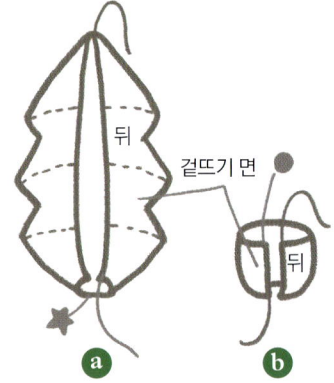

2

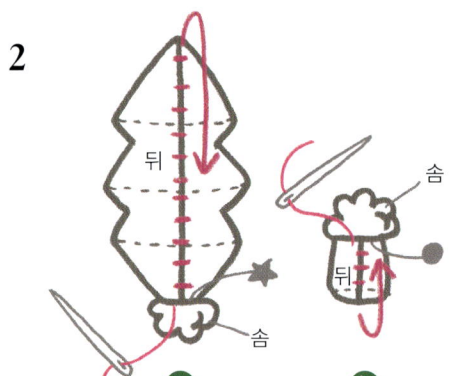

3

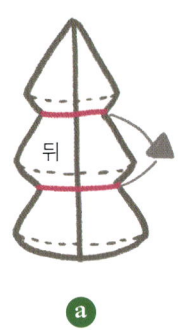

4

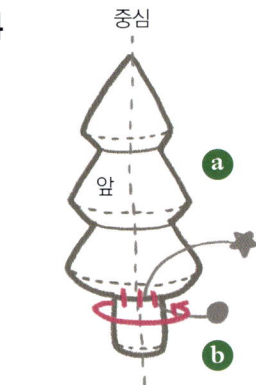

1 도안을 참고하여 ⓐ, ⓑ를 준비한다.

2 ⓐ는 화살표 방향으로 솔기를 잇고 솜을 채워 넣은 뒤 창구멍을 막는다.
   ⓑ는 기본코 부분을 코조임한 다음 화살표 방향으로 솔기를 잇고 실꼬리는 정리하지 않고 남겨둔다.
   ⓑ도 솜을 채워 넣는다.

3 ⓐ의 ▲단은 반코씩 홈질한 뒤 당기어 움푹 들어간 부분의 형태를 잡는다. **Ⓐ, Ⓑ, Ⓒ**

4 ⓐ의 중심축에 맞추어 ⓑ를 연결한다.

> **TIP**
> 도안을 참고하여 12단까지 뜬 뒤 다시 5단부터 12단을 반복하면 한 개의 층을 늘릴 수 있습니다.

기본 도안   도안 변형1   도안 변형2

× 02 ×

빨간 버섯

세 가지 사이즈의 빨간 버섯입니다. 빨간 버섯은 빨간색과 흰 도트 무늬가 매력적인 포인트 아이템으로 다양하게 활용할 수 있습니다. 빨간 버섯의 색상은 빨간색 외에도 노란색부터 보라색까지 다양하게 사용해보세요.

난이도 ★★

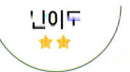

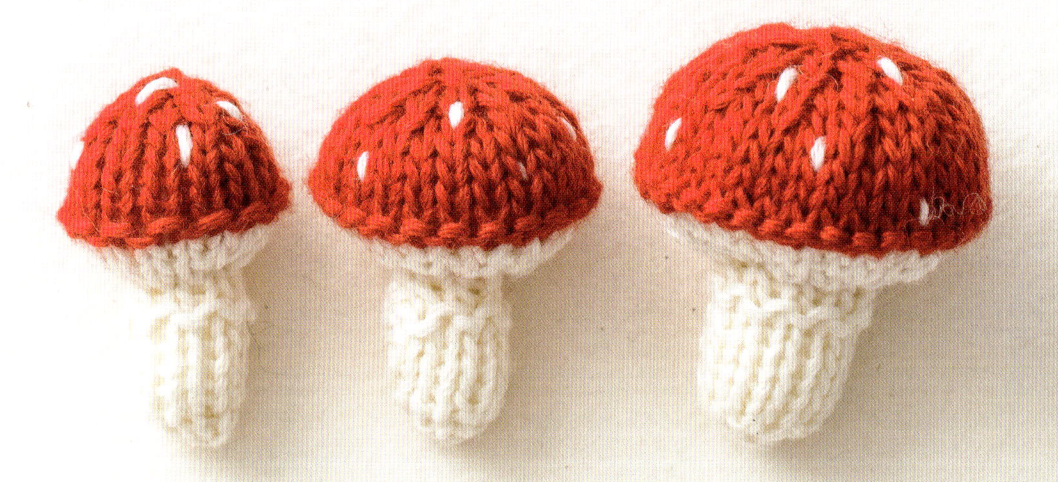

× **READY**

실 ☐ A 피카소울 6ply 크림(02번) 5g
■ B 피카소울 6ply 레드(20번) 5g

재료와 도구 3mm 막대 바늘, 돗바늘, 가위, 겸자, 시침핀, 솜 3g

게이지 13코×19단 (5×5cm)

사이즈 큰 버섯 4.5×5.5cm
중간 버섯 3.5×4.5 cm
작은 버섯 2.5×3.5cm

× **사용 기법과 약어**

기본코 만들기 = 기본코 만들기 cast on

겉뜨기 = 겉 k

안뜨기 = 안 p

코 늘리기 = 코 늘리기 kfb

겉뜨기로 2코 모아뜨기 = 2코 모아뜨기 k2tog

메리야스뜨기 = 메리야스뜨기 st-st

코조임 = 코조임 b&t

코막음 = 코막음 cast off

● **참고 노트**

1 큰 버섯, 중간 버섯, 작은 버섯 모두 조립 방법은 동일하다.

2 작은 버섯의 경우 솜을 넣는 입구가 작아서 겸자를 사용하기 불편할 경우 바늘 끝을 이용하거나 돗바늘의 귀로 솜을 채워 넣는다.

× HOW TO MAKE ×

큰 버섯 ⓐ

A실로 6코 기본코 만들기 ★

단	
1단	안뜨기
2단	모든 코 늘리기 (12코)
3단	안뜨기
4단	모든 코 늘리기 (24코)
5단	안뜨기
6단	(겉1, 코 늘리기)×12번 (36코)
7단	안뜨기, A실을 자른다.
8단	B실을 연결하여 겉뜨기
9단	겉뜨기
10-13단	겉뜨기로 시작, 메리야스뜨기 4단
14단	(겉1, 2코 모아뜨기)×12번 (24코)
15단	안뜨기
16단	2코 모아뜨기×12번 (12코)
17단	안뜨기
18단	2코 모아뜨기×6번 (6코)

코조임

큰 버섯 기둥 ⓑ

A실로 6코 기본코 만들기

단	
1단	안뜨기
2단	모든 코 늘리기 (12코)
3-8단	메리야스뜨기 6단
9단	겉뜨기
10-11단	겉뜨기 시작, 메리야스뜨기 2단

코막음 ●

중간 버섯 ⓐ

A실로 6코 기본코 만들기 ★

단	
1단	안뜨기
2단	모든 코 늘리기 (12코)
3단	안뜨기
4단	모든 코 늘리기 (24코)
5단	안뜨기, A실을 자른다.
6단	B실을 연결하여 겉뜨기
7단	겉뜨기
8-11단	겉뜨기로 시작, 메리야스뜨기 4단
12단	2코 모아뜨기×12번 (12코)
13단	안뜨기
14단	2코 모아뜨기×6번 (6코)

코조임

중간 버섯 기둥 ⓑ

A실로 6코 기본코 만들기

단	
1단	안뜨기
2단	(겉1, 코 늘리기)×3번 (9코)
3-6단	메리야스뜨기 4단
7단	겉뜨기
8-9단	겉뜨기로 시작, 메리야스뜨기 2단

코막음 ●

작은 버섯 ⓐ	
A실로 6코 기본코 만들기 ★	
1단	안뜨기
2단	모든 코 늘리기 (12코)
3단	안뜨기
4단	(겉2, 코 늘리기)×4번 (16코)
5단	안뜨기, A실을 자른다.
6단	B실을 연결하여 겉뜨기
7단	겉뜨기
8-11단	겉뜨기로 시작, 메리야스뜨기 4단
12단	(겉2, 2코 모아뜨기)×4번 (12코)
13단	안뜨기
14단	2코 모아뜨기×6번 (6코)
	코조임

작은 버섯 기둥 ⓑ	
A실로 6코 기본코 만들기	
1단	안뜨기
2단	(겉1, 코 늘리기)×3번 (9코)
3-6단	메리야스뜨기 4단
7단	겉뜨기
8-9단	겉뜨기로 시작, 메리야스뜨기 2단
	코막음 ●

조립 방법

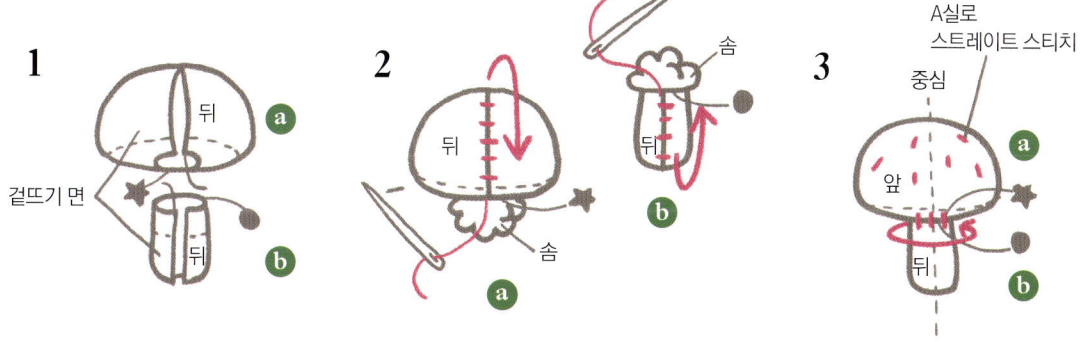

1 도안을 참고하여 ⓐ, ⓑ를 준비한다.

2 ⓐ는 화살표 방향으로 솔기를 잇고 솜을 채워 넣은 뒤 창구멍을 막는다.
ⓑ는 기본코 부분을 코조임한 다음 화살표 방향으로 솔기를 잇는다. 실꼬리는 정리하지 않고 남겨둔다.
ⓑ도 솜을 채워 넣는다.

3 ⓐ의 중심축에 맞추어 ⓑ를 연결한다. 버섯의 흰 점들은 A실로 스트레이트 스티치로 수놓는다.

× 03 ×
그린 도토리

메리야스뜨기와 가터뜨기의 각기 다른 편물의 질감으로 귀여운 도토리를 표현 할 수 있습니다.
열매 부분은 메리야스뜨기로, 뚜껑의 올록볼록한 부분은 가터뜨기로 표현합니다.
A실은 라이트브라운(09번)으로 대체하여 사용해도 좋습니다.

× **READY**

실
- A 피카소울 6ply 풀잎연두(57번) 2g
- B 피카소울 6ply 브라운(18번) 1g

재료와 도구 3mm 막대 바늘, 돗바늘, 가위, 겸자, 솜 2g

게이지 13코×19단(5×5cm)

사이즈 4×6cm

× **사용 기법과 약어**

기본코 만들기 = 기본코 만들기 cast on

겉뜨기 = 겉 k

안뜨기 = 안 p

코 늘리기 = 코 늘리기 kfb

겉뜨기로 2코 모아뜨기 = 2코 모아뜨기 k2tog

메리야스뜨기 = 메리야스뜨기 st-st

가터뜨기 = 가터뜨기 g-st

아이코드뜨기 = 아이코드뜨기 i-cord

코조임 = 코조임 b&t

● **참고 노트**

1 가터뜨기는 모든 단을 겉뜨기한다.
2 도토리 꼭지는 아이코드뜨기한다.(p.44 '아이코드뜨기' 참고)
3 조립 방법에서 아이코드뜨기 실꼬리 정리하는 방법을 참고한다.

HOW TO MAKE

도토리 ⓐ	
A실로 6코 기본코 만들기	
1단	겉뜨기 (6코)
2단	안뜨기
3단	모든 코 늘리기 (12코)
4단	안뜨기
5단	모든 코 늘리기 (24코)
6-12단	메리야스뜨기 7단
13단	A실은 자르고 B실을 연결하여 겉뜨기
14단	(겉2, 코 늘리기)×8번 (32코)
15-18단	가터뜨기 4단
19단	2코 모아뜨기×16번 (16코)
20단	겉뜨기
21단	2코 모아뜨기×8번 (8코)
	코조임 ★

꼭지 ⓑ	
B실로 3코 기본코 만들기 ●	
1-4단	아이코드뜨기 4단
	코조임

조립 방법

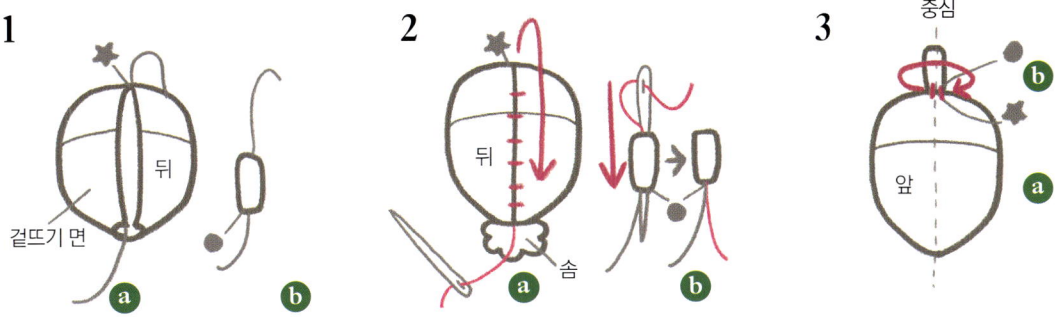

1 도안을 참고하여 ⓐ, ⓑ를 준비한다.
2 ⓐ는 화살표 방향으로 솔기를 잇고 솜을 채워 넣은 뒤 창구멍을 막는다. ⓑ의 실꼬리는 아이코드 중간 부분을 통과시켜 ●부분으로 빼낸 다음 실꼬리는 정리하지 않고 남겨둔다. Ⓐ, Ⓑ, Ⓒ
3 ⓐ의 중심축에 맞추어 ⓑ를 연결한다.

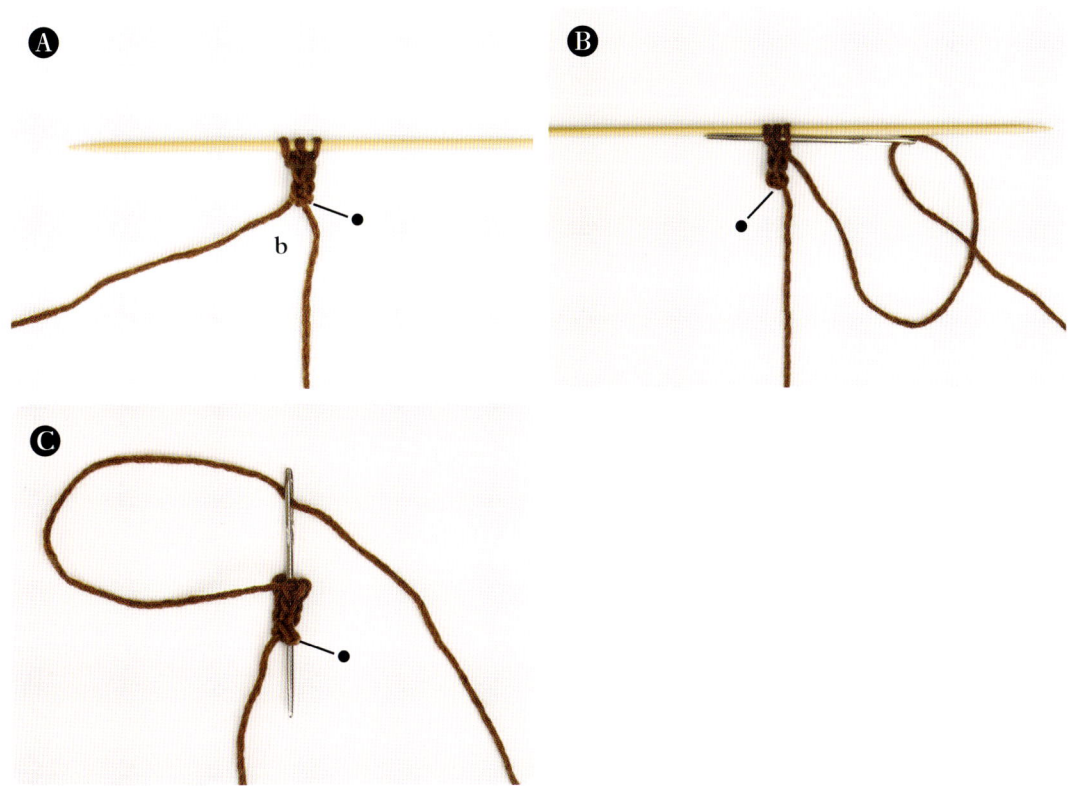

× 04 ×
블랙베리

멍석뜨기로 블랙베리의 올록볼록 작은 알갱이들의 느낌을 표현 할 수 있습니다.
그리고 가터뜨기의 편물은 둥글게 말리지 않기 때문에 한 장으로도 잎의 표현이 가능합니다.
귀여운 블랙베리로 멍석뜨기와 가터뜨기를 연습해보세요.

× **READY**

실　■ A 피카소울 6ply 레드(20번) 2g
　　■ B 피카소울 6ply 자주보라(52번) 2g
　　■ C 피카소울 6ply 풀잎그린(28번) 2g

재료와 도구　3mm 막대 바늘, 돗바늘, 가위, 겸자, 솜 3g

게이지　13코×19단 (5×5cm)

사이즈　6×6.5cm

× **사용 기법과 약어**

기본코 만들기 = 기본코 만들기 cast on

감아코 만들기 = 감아코 만들기 blco

겉뜨기 = 겉 k

안뜨기 = 안 p

코 늘리기 = 코 늘리기 kfb

겉뜨기로 2코 모아뜨기 = 2코 모아뜨기 k2tog

겉뜨기로 3코 모아뜨기 = 겉뜨기로 3코 모아뜨기 k3tog

아이코드뜨기 = 아이코드뜨기 i-cord

멍석뜨기 = 멍석뜨기 m-st

가터뜨기 = 가터뜨기 g-st

코조임 = 코조임 b&t

● **참고 노트**

1 멍석뜨기와 가터뜨기는 별도로 도안에 표기하지 않고 풀어서 설명했다.
2 멍석뜨기할 때 너무 느슨하지 않게 뜨는 것이 좋다.
3 멍석뜨기에 솜을 너무 빵빵하게 채우지 않는 것이 좋다.
4 블랙베리의 홀수 면이 안쪽 면이고 짝수 면이 겉면이다.

× HOW TO MAKE ×

블랙베리1 ⓐ	
A실로 10코 기본코 만들기 ★	
1단	(안쪽면) 모든 코 늘리기 (20코)
2단	(겉1, 안1)×10번
3단	(안1, 겉1)×10번
4-13단	2,3단을 5번 반복
14단	2코 모아뜨기×9번 (10코)
	코조임

블랙베리2 ⓑ	
B 실로 8코 기본코 만들기 ★	
1단	(안쪽면) 모든 코 늘리기 (16코)
2단	(겉1, 안1)×8번
3단	(안1, 겉1)×8번
4-13단	2,3단을 5번 반복
14단	2코 모아뜨기×8번 (8코)
	코조임

나뭇잎 ⓒ	
C실로 3코 기본코 만들기 ●	
1-4단	아이코드뜨기 4단 모든 코를 반대쪽 바늘 끝으로 옮긴다.
5단	겉1, 안1, 겉1, 1코 감아코 만들기 (4코)
6단	겉2, 안1, 겉1, 1코 감아코 만들기 (5코)
7단	겉2, 안1, 겉2
8단	겉1, 코 늘리기, 안1, 코 늘리기, 겉1 (7코)
9단	겉3, 안1, 겉3
10단	겉1, 코 늘리기, 겉1, 안1, 겉1, 코 늘리기, 겉1 (9코)
11-16단	겉4, 안1, 겉4, 6단 반복
17단	겉1, 2코 모아뜨기, 겉1, 안1, 겉1, 2코 모아뜨기, 겉1 (7코)
18단	겉3, 안1, 겉3
19단	겉1, 2코 모아뜨기, 안1, 2코 모아뜨기, 겉1 (5코)
20단	겉2, 안1, 겉2
21단	2코 모아뜨기, 안1, 2코 모아뜨기 (3코)
22단	겉1, 안1, 겉1
23단	겉뜨기로 3코 모아뜨기

조립 방법

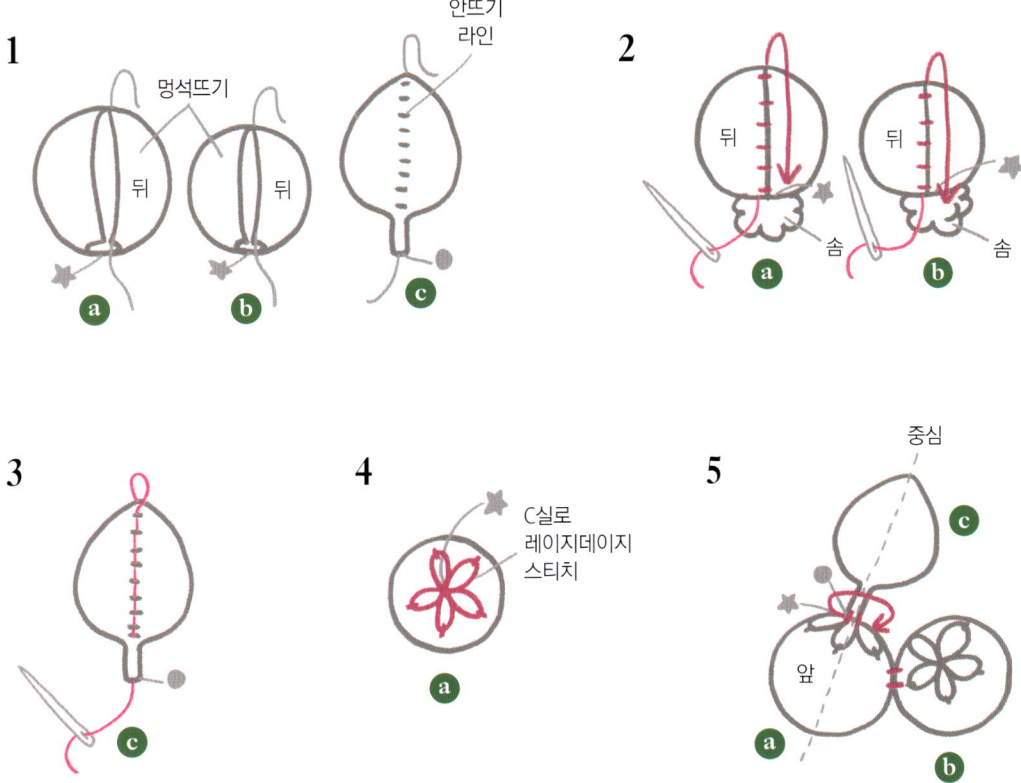

1. 도안을 참고하여 ⓐ, ⓑ, ⓒ를 준비한다.
2. ⓐ, ⓑ는 화살표 방향으로 솔기를 잇고 솜을 채워 넣은 뒤 창구멍을 막는다.
3. ⓒ의 실꼬리는 나뭇잎 중간의 안뜨기한 부분과 아이코드 중간 부분을 통과시켜 ●부분으로 빼낸 다음 실꼬리는 정리하지 않고 남겨둔다. Ⓐ
4. ⓐ, ⓑ의 ★ 위치에 C실로 레이지데이지 스티치를 이용하여 블랙베리 꼭지를 수놓다.
5. ⓐ의 중심축에 맞추어 ⓒ를 연결한다. B실로 ⓐ, ⓑ를 이미지를 참고하여 연결한다.

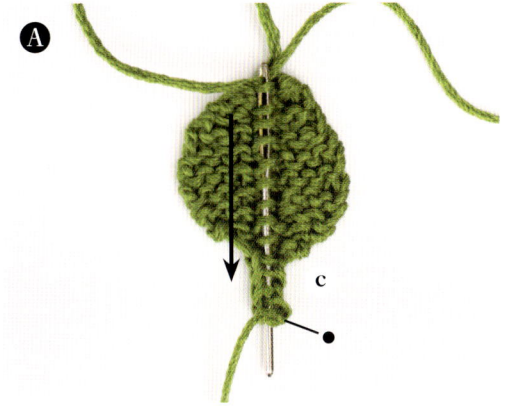

× 05 ×
꿀벌 친구

가로 줄무늬가 매력적인 귀여운 꿀벌 친구입니다.
날개를 연결한 후 더듬이와 다리는 일정한 길이의 실을 남기고 매듭을 지어 표현합니다.

× **READY**

실
- ☐ A 피카소울 6ply 크림(02번) 3g
- ■ B 피카소울 6ply 블랙(14번) 1g
- ▨ C 피카소울 6ply 인디언머스터드(16번) 1g

재료와 도구 3mm 막대바늘, 돗바늘, 가위, 겸자, 시침핀, 마커, 솜 2g

게이지 13코×19단 (5×5cm)

사이즈 7×6.5cm

× **사용 기법과 약어**

기본코 만들기 = 기본코 만들기 cast on

겉뜨기 = 겉 k

안뜨기 = 안 p

코 늘리기 = 코 늘리기 kfb

겉뜨기로 2코 모아뜨기 = 2코 모아뜨기 k2tog

메리야스뜨기 = 메리야스뜨기 st-st

코조임 = 코조임 b&t

● **참고 노트** 더듬이와 다리는 해당 위치에 바늘을 통과시킨 다음 시작과 끝부분을 매듭지어 표현한다.

× HOW TO MAKE ×

꿀벌 몸통 ⓐ

A실로 6코 기본코 만들기 ★

1단	안뜨기
2단	모든 코 늘리기 (12코)
3단	안뜨기
4단	모든 코 늘리기 (24코)
5단	안뜨기, A실을 자른다.
6-8단	B실을 연결하여 메리야스뜨기 3단
9-11단	C실을 연결하고 메리야스뜨기 3단
12단	B실로 (겉2, 2코 모아뜨기)×6번 (18코)
13단	안뜨기
14단	(겉1, 2코 모아뜨기)×6번 (12코) ▲
15단	안뜨기
16단	(겉1, 코 늘리기)×6번 (18코)
17단	안뜨기
18-19단	C실로 메리야스뜨기 2단
20단	(겉1, 2코 모아뜨기)×6번 (12코)
21단	B실로 안뜨기
22단	(겉1, 2코 모아뜨기)×4번 (8코) ▲
23단	안뜨기 ■

코조임

날개 ⓑ, ⓒ

A실로 6코 기본코 만들기 ●

1단	안뜨기
2단	모든 코 늘리기 (12코)
3단	안뜨기
4단	(겉1, 코 늘리기)×6 (18코)
5단-9단	메리야스뜨기 5단
10단	(겉1, 2코 모아뜨기)×6번 (12코)
11단	안뜨기
12단	2코 모아뜨기×6번 (6코)

코조임

조립 방법

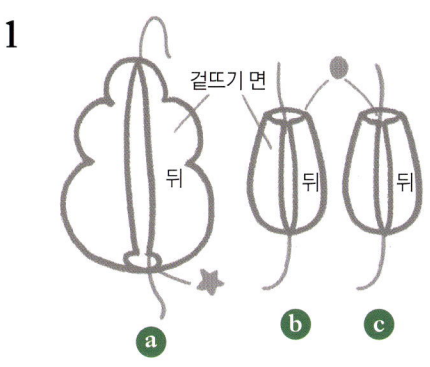
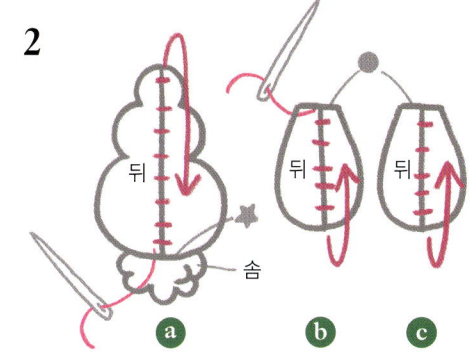
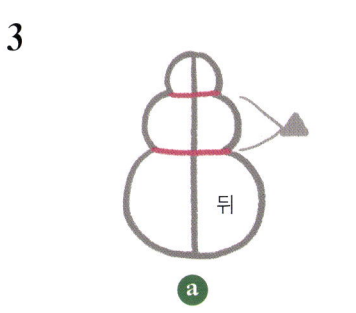
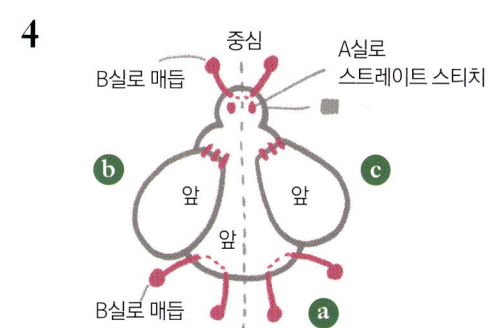

1 도안을 참고하여 ⓐ, ⓑ, ⓒ를 준비한다.

2 ⓐ, ⓑ, ⓒ는 솔기를 잇고 솜을 채워 넣은 뒤 ⓐ의 창구멍을 막는다.
　ⓑ, ⓒ의 실꼬리를 정리하지 않고 남겨둔다.

3 ⓐ의 ▲단은 반코씩 홈질한 뒤 당기어 움푹 들어간 부분의 형태를 잡는다.

4 이미지를 참고하여 ⓐ의 날개 위치에 ⓑ, ⓒ를 연결한다. ⓐ의 ■부분에 A실로 눈을 수놓는다.
　B실 20cm를 돗바늘에 연결하여 더듬이, 뒷다리 부분에 실을 통과시킨 뒤 일정한 길이로 매듭을 짓고 실을 자른다.

× 05 ×
땅속 요정

풍성한 흰 수염이 매력적인 숲속에 사는 땅속 요정입니다. 인타르시아 기법으로 몸통과 얼굴 부분의 배색뜨기를 연습 할 수 있는 아이템입니다. 매력적인 흰 수염과 뒷머리는 돗바늘로 한 땀씩 루프를 만들어 표현합니다.

× **READY**

실
- ■ A 피카소울 6ply 인디블루(51번) 2g
- ☐ B 피카소울 6ply 살색(03번) 1g
- ■ C 피카소울 6ply 레드(20번) 1g
- ■ D 피카소울 6ply 블랙(14번) 1g
- ■ E 피카소울 6ply 백련초(44번) 1g
- ☐ F 피카소울 6ply 크림(02번) 1g

재료와 도구 3mm 막대 바늘, 돗바늘, 가위, 겸자, 솜 2g

게이지 13코×19단 (5×5cm)

사이즈 4×7.5cm

× **사용 기법과 약어**

기본코 만들기 = 기본코 만들기 cast on

겉뜨기 = 겉 k

안뜨기 = 안 p

코 늘리기 = 코 늘리기 kfb

겉뜨기로 2코 모아뜨기 = 2코 모아뜨기 k2tog

메리야스뜨기 = 메리야스뜨기 st-st

코조임 = 코조임 b&t

● **참고 노트**

1 땅속 요정 ⓐ의 10단부터 14단까지 인타르시아(세로 배색) 뜨기를 진행한다. A실 2개를 준비한다.

2 인타르시아는 연결 코가 느슨해지면 구멍이 생길 수도 있으므로 주의한다.

× HOW TO MAKE ×

땅속 요정 ⓐ	
A실로 6코 기본코 만들기 ★	
1단	모든 코 늘리기 (12코)
2단	안뜨기
3단	모든 코 늘리기 (24코)
4단	안뜨기
5단	안뜨기
6-9단	안뜨기로 시작, 메리야스뜨기 4단
10단	안11, B실을 연결하여 안2, 안11
11단	겉10, 겉4, 겉10
12단	안9, 안6, 안9
13단	겉8, 겉8, 겉8
14단	안8, 안8, 안8 A, B실을 자른다
15-18단	C실을 연결하여 메리야스뜨기 4단
19단	(겉2, 2코 모아뜨기)×6 (18코)
20-22단	메리야스뜨기 3단
23단	(겉1, 2코 모아뜨기)×6 (12코)
24-26단	메리야스뜨기 3단
27단	2코 모아뜨기 ×6 (6코)
28-30단	메리야스뜨기 3단
코조임	

뜨는 방법

1 ⓐ의 9단까지 도안을 참고하여 뜬다. **A**

2 10단, A실로 11코 안뜨기하고 B실을 연결한다. **B**

3 B실로 2코 안뜨기하고 새로운 A실을 연결하여 11코 안뜨기한다. **C**, **D**

4 11단, A실로 10코 겉뜨기하고 B실을 A실 아래에서 위로 가져와 4코 겉뜨기한다. **E**, **F**

5 A실을 B실 아래에서 위로 가져와 10코 겉뜨기한다. **G**, **H**

6 안뜨기에서도 위와 같은 방법으로 작업할 실을 아래에서 위로 가져와 교차시켜 뜬다. **I**

7 14단까지 배색뜨기한 모습 **J**, **K**

8 도안을 참고하여 30단까지 뜬 다음 코조임을 한다.

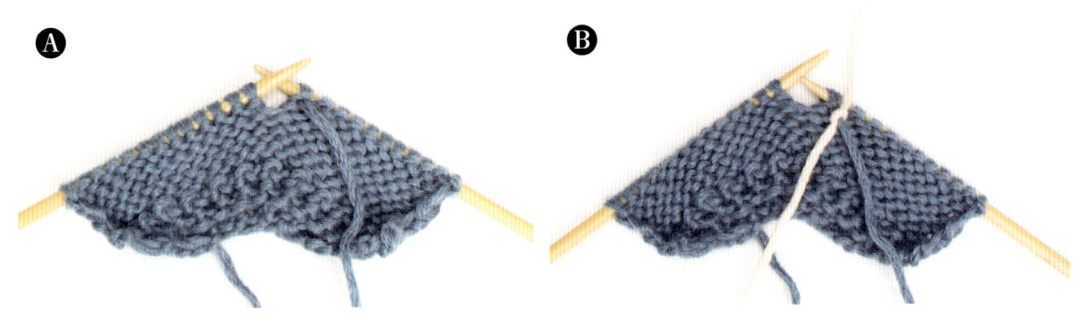

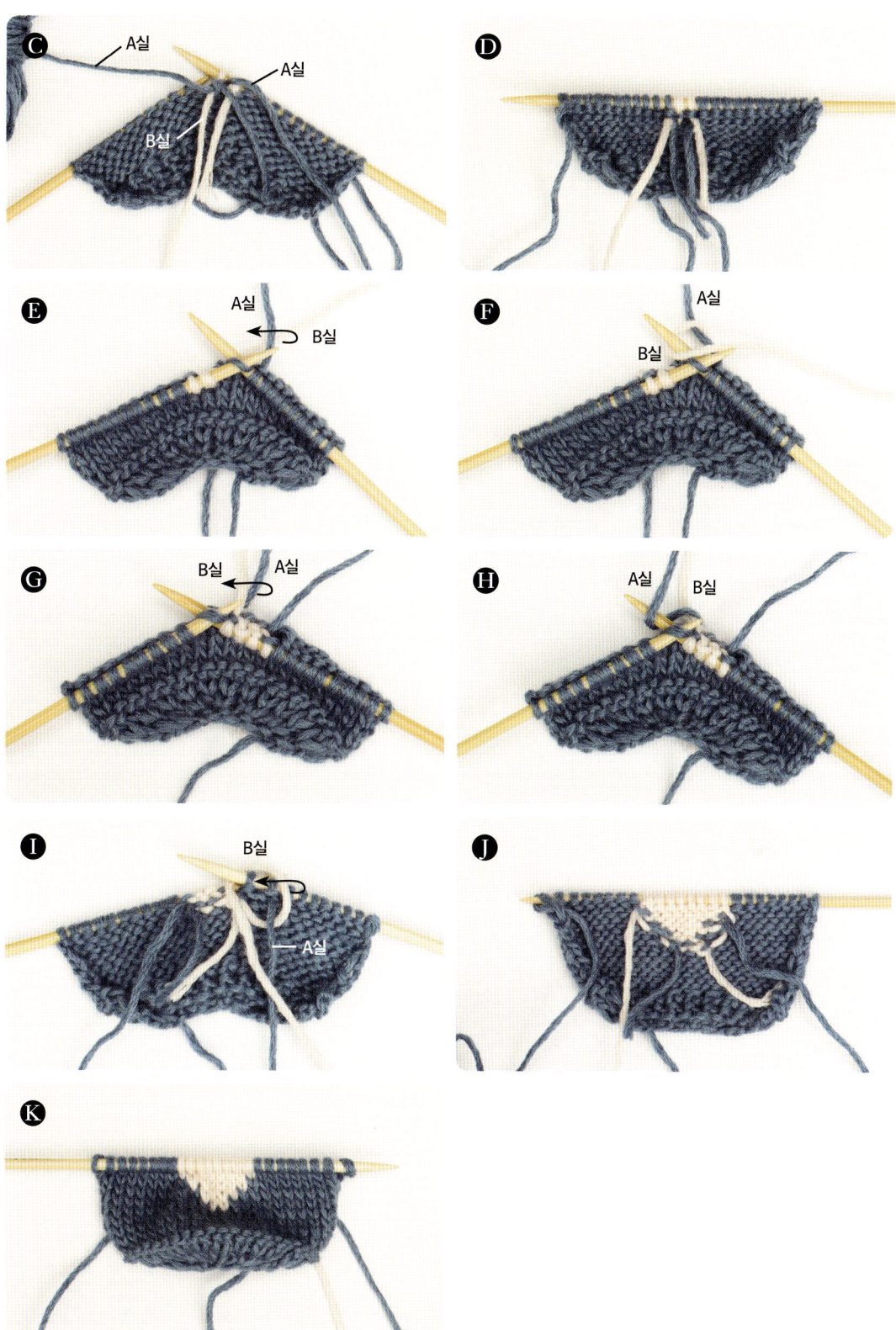

× HOW TO MAKE ×

조립 방법

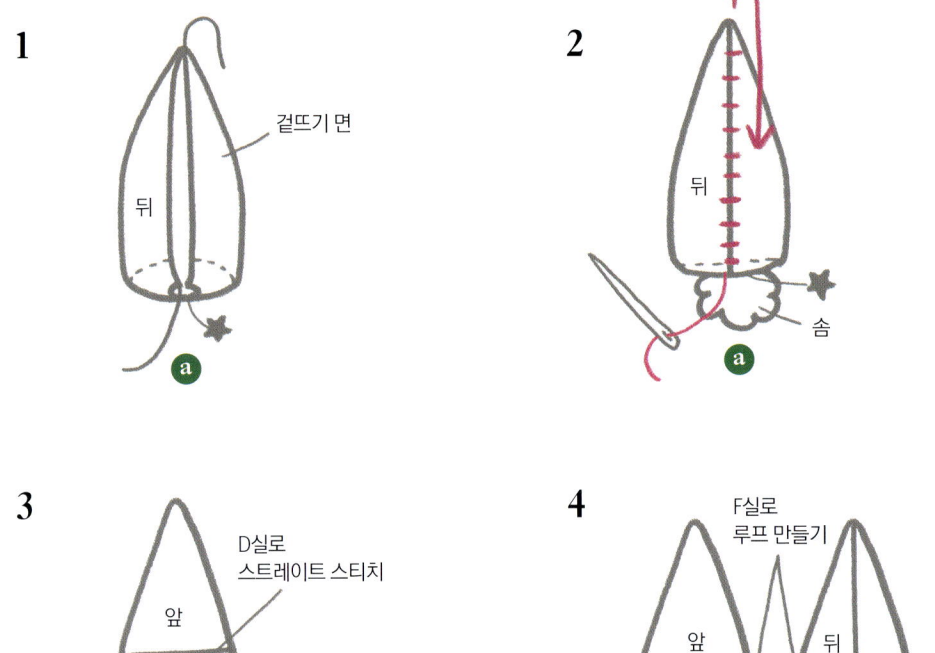

1 도안을 참고하여 ⓐ를 준비한다.
2 ⓐ는 화살표 방향으로 솔기를 잇고 솜을 채워 넣은 뒤 창구멍을 막는다.
3 눈은 D실로 스트레이트 스티치, 코는 E실로 프렌치 노트 스티치로 실을 5회 감아 수놓는다.
4 수염과 뒷머리는 F실로 루프를 만들어 표현한다.

동물 얼굴들

× 01 ×
동글동글 곰 얼굴

동그랗고 귀여운 얼굴에 빨간 입술과 조그마한 둥근 코, 검은 눈의 곰 얼굴입니다. 바늘을 코와 코 사이에 연결된 실 앞에서 또는 뒤에서 넣는 방법에 따라 왼코 만들기, 오른코 만들기로 구분됩니다. 곰 얼굴로 왼코 만들기를 연습할 수 있습니다.

난이도
★★★

× READY　실　■ A 피카소울 6ply 브라운(18번) 5g
　　　　　　　□ B 피카소울 6ply 크림(02번) 1g
　　　　　　　■ C 피카소울 6ply 블랙(14번) 1g
　　　　　　　■ D 피카소울 6ply 레드(20번) 1g

재료와 도구　3mm 막대 바늘, 돗바늘, 가위, 겸자, 시침핀, 마커 솜 3g

게이지　13코×19단 (5×5cm)

사이즈　5.5×5.5cm

× 사용 기법과 약어

기본코 만들기 = 기본코 만들기 cast on

겉뜨기 = 겉 k

안뜨기 = 안 p

겉뜨기로 2코 모아뜨기 = 2코 모아뜨기 k2tog

안뜨기로 2코 모아뜨기 = 안뜨기로 2코 모아뜨기 p2tog

왼코 만들기 = 왼코 만들기 m1l

메리야스뜨기 = 메리야스뜨기 st-st

코조임 = 코조임 b&t

× HOW TO MAKE ×

곰 얼굴 ⓐ	
A실로 11코 기본코 만들기 ★	
1단	안뜨기
2단	겉1, (왼코 만들기, 겉1)×9, 겉1 (20코)
3단	안뜨기
4단	겉2, (왼코 만들기, 겉2)×9 (29코)
5단	안뜨기
6단	겉2, (왼코 만들기, 겉3)×9 (38코)
7-19단	메리야스뜨기 13단
20단	겉1, 2코 모아뜨기×18, 겉1 (20코)
21단	안1, (안4, 안뜨기로 2코 모아뜨기)×3, 겉1, A실을 자른다. (17코)
22-27단	B실을 연결하여 메리야스뜨기 6단
28단	2코 모아뜨기×4, 겉1, 2코 모아뜨기×4 (9코)
코조임	

귀 ⓑ, ⓒ	
A실로 14코 기본코 만들기 ●	
1-4단	겉뜨기로 시작, 메리야스뜨기 4단
5단	겉1, (2코 모아뜨기)×6, 겉1 (8코)
코조임	

× HOW TO MAKE ×

조립 방법

1

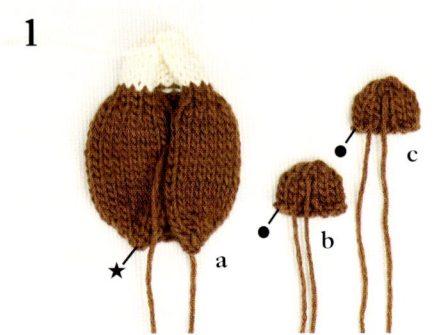

도안을 참고하여 ⓐ, ⓑ, ⓒ를 준비한다.

2

ⓐ의 코조임 한 부분에서 화살표 방향으로 곰 주둥이 부분의 솔기를 이어준다. B실은 얼굴을 뒤집어 안쪽 솔기 부분에 감침질하여 실을 마무리한다.

3

ⓐ의 ★의 기본코를 돗바늘을 통과시킨 후 실을 당겨 코조임한 다음 1cm 정도 솔기를 이어준다.

4

A실로 화살표 방향으로 1cm 정도 솔기를 잇고 가운데 창구멍으로 솜을 채워 넣는다. 실꼬리는 정리하지 않고 남겨둔다.

5

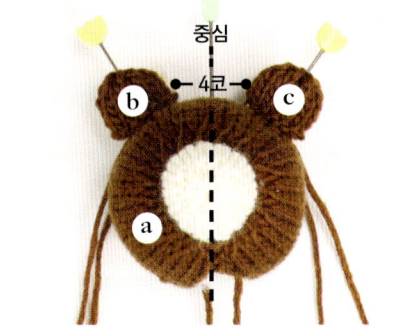

ⓐ 중심축 사이를 4코 정도 간격을 두고 ⓑ, ⓒ를 시침핀으로 고정시킨 후 실꼬리를 돗바늘에 연결하여 코와 코잇기로 귀의 앞, 뒤를 얼굴에 연결한다.

6

A실로 창구멍을 통해 양쪽 눈 주변 ①~④번 순서대로 바늘을 통과시킨다. 창구멍의 양쪽 실을 당겨 눈을 움푹 들어가게 입체감을 준 다음, 매듭을 짓고 창구멍으로 실꼬리를 숨겨 넣는다.

7

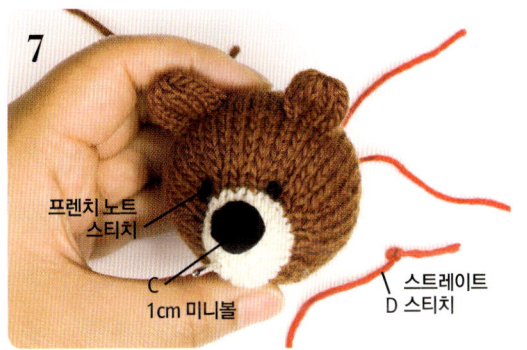

눈은 C실로 2회 감아 프렌치 노트 스티치로 수놓는다. 입은 D실로 스트레이트 스티치, 코는 C실로 1cm 볼을 만들어 연결한다. 모든 작업이 끝난 다음 창구멍을 막는다.

8

창구멍에 솜을 조금 더 채워 넣은 후 창구멍을 막는다.

9

완성.

× 02 ×
새침한 여우 얼굴

주둥이가 긴 새침한 표정의 여우 얼굴입니다. 배색뜨기의 인타르시아 기법을 사용합니다.
오른코 줄이기를 연습할 수 있는 도안입니다.

× READY

실 ■ A 피카소울 6ply 오렌지브라운(49번) 5g
　　□ B 피카소울 6ply 크림(02번) 1g
　　■ C 피카소울 6ply 블랙(14번) 1g

재료와 도구 3mm 막대 바늘, 돗바늘, 가위, 겸자, 시침핀, 마커, 솜 3g

게이지 13코×19단 (5×5cm)

사이즈 5.5×7cm

× 사용 기법과 약어

기본코 만들기 = 기본코 만들기 cast on
겉뜨기 = 겉 k
안뜨기 = 안 p
겉뜨기로 2코 모아뜨기 = 2코 모아뜨기 k2tog
안뜨기로 2코 모아뜨기 = 안뜨기로 2코 모아뜨기 p2tog

오른코 줄이기 = 오른코 줄이기 ssk
왼코 만들기 = 왼코 만들기 m1l
메리야스뜨기 = 메리야스뜨기 st-st
코조임 = 코조임 b&t

● 참고 노트

1 여우 얼굴 ⓐ의 14단부터 인타르시아(세로 배색) 뜨기를 진행한다. B실 2개를 준비한다.
2 인타르시아는 연결 코가 느슨해지면 구멍이 생길 수 있으므로 주의한다.

× HOW TO MAKE ×

여우 얼굴 ⓐ

A실로 11코 기본코 만들기 ★

1단	안뜨기
2단	겉1, (왼코 만들기, 겉1)×9, 겉1 (20코)
3단	안뜨기
4단	겉2, (왼코 만들기, 겉2)×9 (29코)
5단	안뜨기
6단	겉2, (왼코 만들기, 겉3)×9 (38코)
7-13단	메리야스뜨기 7단
14단	B실을 연결하고 겉5, 겉28, 새로운 B실을 연결하여 겉5
15단	안6, 안26, 안6
16단	겉7, 겉24, 겉7
17단	안7, 안24, 안7
18단	겉7, 겉24, 겉7
19단	안7, 안24, 안7
20단	겉1, 2코 모아뜨기×3, 2코 모아뜨기×12, 2코 모아뜨기×3, 겉1 (20코) ▲
21단	안4, 안12, 안4
22단	겉4, 겉12, 겉4
23단	안4, 안12, 안4
24단	겉4, 겉12, 겉4
25단	안4, 안12, 안4
26단	겉2, 2코 모아뜨기, 2코 모아뜨기×2, 겉4, 오른코 줄이기×2, 오른코 줄이기, 겉2 (14코)
27단	안3, 안8, 안3
28단	겉3, 겉8, 겉3
29단	안3, 안8, 안3
30단	겉3, 겉8, 겉3
31단	안1, 안뜨기로 2코 모아뜨기, 안뜨기로 2코 모아뜨기×4, 안뜨기로 2코 모아뜨기, 겉1 (8코)

코조임 ■

귀 ⓑ, ⓒ

A실로 17코 기본코 만들기 ●

1-4단	겉뜨기로 시작, 메리야스뜨기 4단, A실을 자른다
5단	C실을 연결하여 겉3, 오른코 줄이기, 2코 모아뜨기, 겉3, 오른코 줄이기, 2코 모아뜨기, 겉3 (13코)
6-8단	메리야스뜨기 3단
9단	겉2, 오른코 줄이기, 2코 모아뜨기, 겉1, 오른코 줄이기, 2코 모아뜨기, 겉2 (9코)
10단	안뜨기

코조임

× HOW TO MAKE ×

뜨는 방법

1

ⓐ의 13단까지 도안을 참고하여 뜬다.

2

14단, B실을 연결한다.

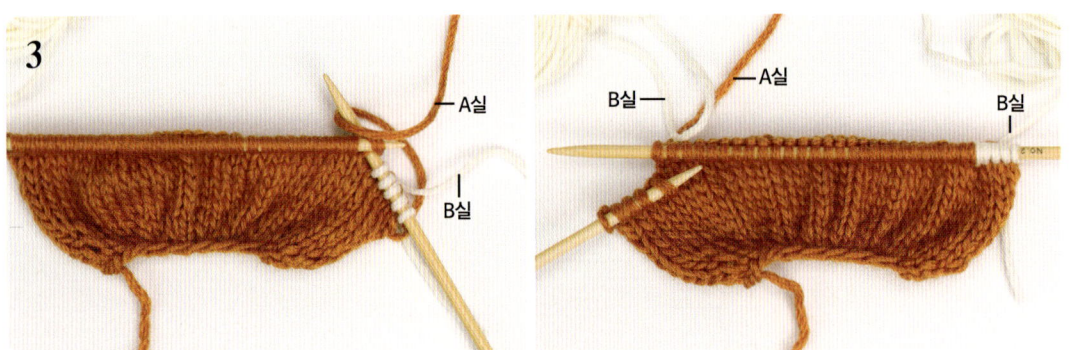

3

B실로 5코 겉뜨기하고 기존 A실을 가져와서 28코 겉뜨기한다. 새로운 B실을 연결한다.

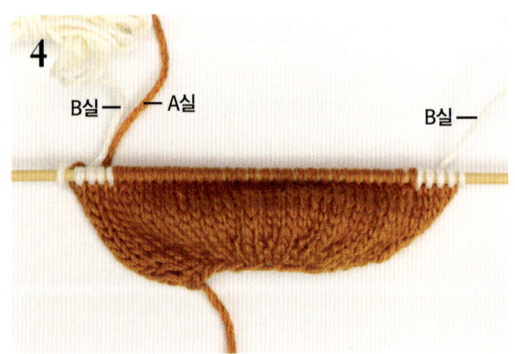

4

B실로 5코 겉뜨기를 한다.

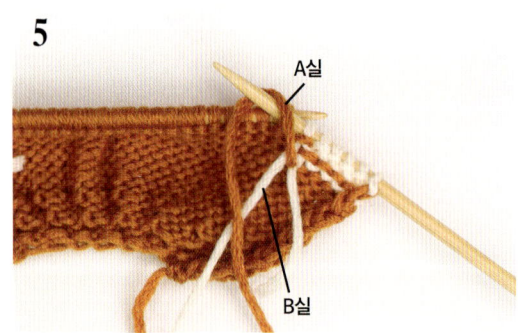

5

15단, B실로 6코 안뜨기 하고 A실을 B실 아래에서 위로 가져와 26코 안뜨기한다.

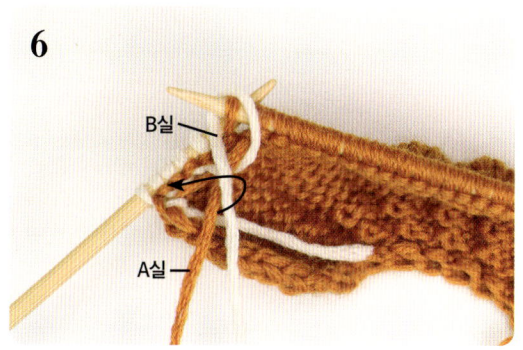

B실을 A실 아래에서 위로 가져와 6코 안뜨기한다.

도안을 확인하면서 실을 교차시킬때 구멍이 생기지 않게 실을 당겨 뜬다.

도안을 참고하여 31단까지 뜬 다음 코조임을 한다.

× HOW TO MAKE ×

조립 방법

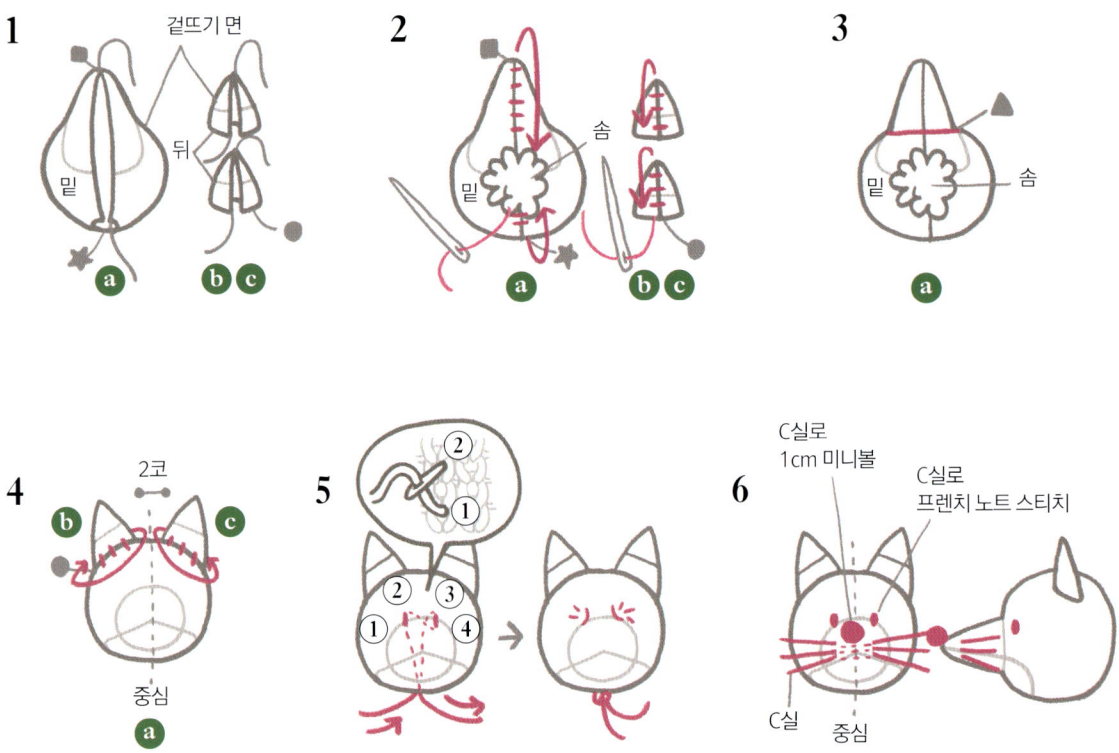

1. 도안을 참고하여 ⓐ, ⓑ, ⓒ를 준비한다.

2. ⓐ의 화살표 방향으로 솔기를 잇고 솜을 채워 넣는다.
   ⓑ, ⓒ는 솔기를 잇고 실꼬리를 정리하지 않고 남겨둔다.

3. ⓐ에서 ▲의 A실 시작 부분을 A실로 반코씩 홈질한 뒤 당겨 주둥이 부분의 경계선을 잡아준다.

4. ⓐ 중심축 사이를 2코 간격을 두고 ⓑ, ⓒ를 연결한다.

5. A실로 창구멍을 통해 양쪽 눈 주변 ①~④번 순서대로 바늘을 통과시킨다. 창구멍의 양쪽 실을 당겨 눈을 움푹 들어가게 입체감을 준 다음에, 매듭을 짓고 창구멍으로 실꼬리를 숨겨 넣는다.

6. 눈은 C실로 프렌치 노트 스티치로 2회 감아 눈을 수놓고, 코는 C실로 1cm 미니 볼을 만들어 연결한다. 콧수염은 C실 2가닥을 뽑아 주둥이 끝부분에 통과시킨 뒤 일정한 길이로 자른다. 모든 작업이 끝난 다음 창구멍을 막는다.

× 03 ×
개구쟁이 너구리 얼굴

얼굴 가운데에 흰색과 검은 무늬가 있는 귀여운 개구쟁이 너구리 얼굴입니다.
배색뜨기의 인타르시아 기법과 오른코 줄이기를 연습할 수 있는 도안입니다.

× READY

실 ■ A 피카소울 6ply 연코코아멜란지(11번) 4g
　　□ B 피카소울 6ply 크림(02번) 1g
　　■ C 피카소울 6ply 블랙(14번) 1g

재료와 도구　3mm 막대 바늘, 돗바늘, 가위, 겸자, 시침핀, 마커, 솜 3g

게이지　13코×19단 (5×5cm)

사이즈　5.5×5.5cm

× 사용 기법과 약어

기본코 만들기 = 기본코 만들기 cast on
겉뜨기 = 겉 k
안뜨기 = 안 p
겉뜨기로 2코 모아뜨기 = 2코 모아뜨기 k2tog

오른코 줄이기 = 오른코 줄이기 ssk
왼코 만들기 = 왼코 만들기 m1l
메리야스뜨기 = 메리야스뜨기 st-st
코조임 = 코조임 b&t

● **참고 노트**

1 너구리 얼굴 ⓐ의 14단부터 인타르시아(세로 배색) 뜨기를 진행한다. A실 2개를 준비한다.
2 인타르시아 연결 코가 느슨해지면 구멍이 생길 수 있으므로 주의한다.

※ HOW TO MAKE ※

너구리 얼굴 ⓐ

A실로 11코 기본코 만들기 ★

1단	안뜨기
2단	겉1, (왼코 만들기, 겉1)×9, 겉1 (20코)
3단	안뜨기
4단	겉2, (왼코 만들기, 겉2)×9 (29코)
5단	안뜨기
6단	겉2, (왼코 만들기, 겉3)×9 (38코)
7-13단	메리야스뜨기 7단
14단	겉10, B실을 연결하고 겉18, 겉10
15단	안9, 안20, 안9, B실을 자른다.
16단	겉8, C실로 연결하고 겉22, 겉8
17단	안8, 안22, 안8
18단	겉8, 겉22, 겉8
19단	안8, 안22, 안8 A, C실은 자른다
20단	B실을 연결하여 겉1, 2코 모아뜨기×3, 오른 코 줄이기, 2코 모아뜨기×10, 2코 모아뜨기, 2코 모아뜨기×3, 겉1 (20코) ▲
21단-23단	메리야스뜨기 3단
24단	겉2, 2코 모아뜨기×3, 겉4, 2코 모아뜨기×3, 겉2 (14코)
25단	안뜨기
26단	겉1, 2코 모아뜨기×6, 겉1 (8코)

코조임 ■

귀 ⓑ, ⓒ

A실로 12코 기본코 만들기 ●

1-3단	안뜨기로 시작, 메리야스뜨기 3단
4단	겉1, 2코 모아뜨기×5, 겉1 (7코)

코조임

조립 방법

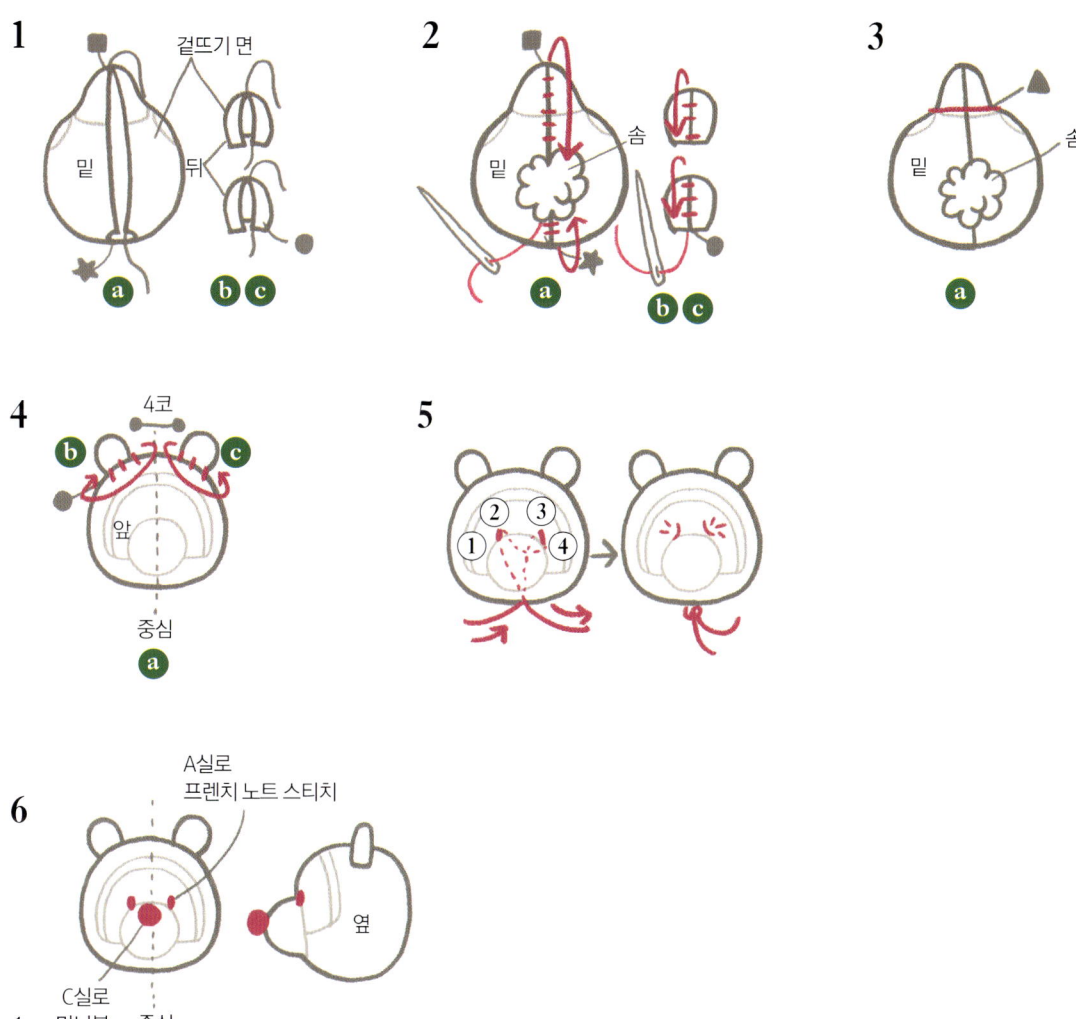

1 도안을 참고하여 ⓐ, ⓑ, ⓒ를 준비한다.

2 ⓐ의 화살표 방향으로 솔기를 잇고 솜을 채워 넣는다.
 ⓑ, ⓒ는 솔기를 잇고 실꼬리를 정리하지 않고 남겨둔다.

3 ⓐ의 ▲부분을 B실로 반 코 씩 홈질한 뒤 당겨 주둥이 부분의 경계선을 잡아준다.

4 ⓐ 중심축 사이를 4코 간격을 두고 ⓑ, ⓒ를 연결한다.

5 A실로 창구멍을 통해 양쪽 눈 주변 ①~④번 순서대로 바늘을 통과시킨다. 창구멍의 양쪽 실을 당겨 눈을 움푹 들어가게 입체감을 준 다음 매듭을 짓고 창구멍으로 실꼬리를 숨겨 넣는다.

6 눈은 A실로, 2회 감아 프렌치 노트 스티치로 수놓는다. 코는 C실로 1cm 볼을 만들어 연결한 다음 얼굴의 창구멍을 막는다.

× 04 ×

양 볼 빵빵 다람쥐 얼굴

입안 한가득 도토리를 머금어 양 볼이 볼록한 귀여운 다람쥐 얼굴입니다.
왼코 만들기와 오른코 만들기를 함께 사용할 수 있는 도안입니다. 배색뜨기의 페어아일을 연습할 수 있습니다.

× **READY** **실** ■ A 피카소울 6ply 오렌지브라운(49번) 4g
　　　　　　　□ B 피카소울 6ply 크림(02번) 1g
　　　　　　　■ C 피카소울 6ply 블랙(14번) 1g
　　　　　　　■ D 피카소울 6ply 브라운(18번) 1g

재료와 도구 3mm 막대 바늘, 돗바늘, 가위, 겸자, 시침핀, 마커, 솜 3g

게이지 13코×19단 (5×5cm)

사이즈 4.5×5cm

× **사용 기법과 약어**

기본코 만들기 = 기본코 만들기 cast on
겉뜨기 = 겉 k
안뜨기 = 안 p
겉뜨기로 2코 모아뜨기 = 2코 모아뜨기 k2tog
안뜨기로 3코 모아뜨기 = 안뜨기로 3코 모아뜨기 p3tog

오른코 줄이기 = 오른코 줄이기 ssk
왼코 만들기 = 왼코 만들기 m1l
오른코 만들기 = 오른코 만들기 m1r
메리야스뜨기 = 메리야스뜨기 st-st
아이코드뜨기 = 아이코드뜨기 i-cord
코조임 = 코조임 b&t

● **참고 노트**

1 다람쥐 얼굴 ⓐ의 13단부터 페어아일(가로 배색) 뜨기를 진행한다.
2 페어아일할 때 실을 세게 당겨 편물 조직이 울지 않게 뜨는 것이 중요하다.

× HOW TO MAKE ×

다람쥐 얼굴 ⓐ

A실로 11코 기본코 만들기 ★

단	
1단	안뜨기
2단	겉1, (왼코 만들기, 겉1)×9, 겉1 (20코)
3단	안뜨기
4단	겉2, (왼코 만들기, 겉2)×9 (29코)
5-7단	메리야스뜨기 3단
8단	겉12, 오른코 만들기, 겉5, 왼코 만들기, 겉12 (31코)
9단	안뜨기
10단	겉13, 오른코 만들기, 겉2, 오른코 만들기, 겉1, 왼코 만들기, 겉2, 왼코 만들기, 겉13 (35코)
11단	안뜨기
12단	겉11, 오른코 줄이기, 2코 모아뜨기, 겉5, 오른코 줄이기, 2코 모아뜨기, 겉11 (31코)
13단	B실을 연결하고 안10, 안2, 안1, 안5, 안1, 안2, 안10
14단	겉11, 겉1, 겉1, 겉5, 겉1, 겉1, 겉11
15단	안13, 안5, 안13
16단	겉13, 겉5, 겉13
17단	안13, 안5, 안13
18단	겉1, 2코 모아뜨기×6, 오른코 줄이기, 겉1, 2코 모아뜨기, 2코 모아뜨기×6, 겉1 (17코) ▲
19단	안7, 안3, 안7
20단	겉1, 2코 모아뜨기×3, 겉3, 2코 모아뜨기×3, 겉1 (11코)
21단	안4, 안뜨기로 3코 모아뜨기, 안4 (9코)

코조임 ■

다람쥐 귀 ⓑ, ⓒ

A실로 5코 기본코 만들기 ●

단	
1-3단	아이코드뜨기 3단

코조임

조립 방법

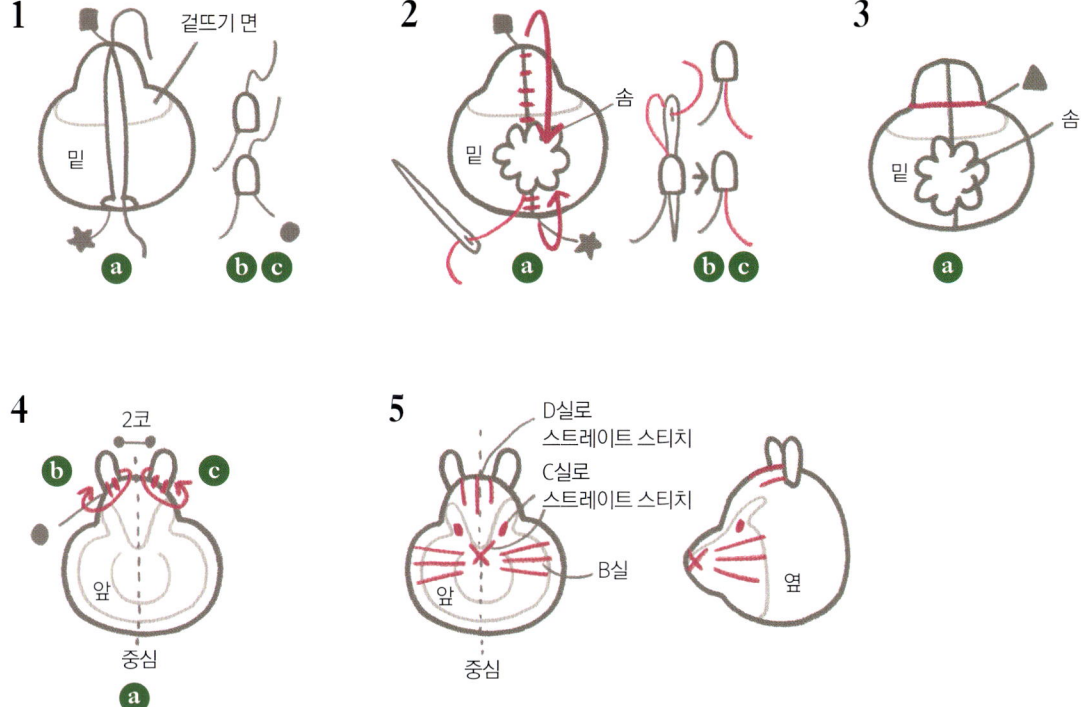

1. 도안을 참고하여 ⓐ, ⓑ, ⓒ를 준비한다.
2. ⓐ의 화살표 방향으로 솔기를 잇고 솜을 채워 넣는다.
   ⓑ, ⓒ의 실꼬리는 아이코드 중간 부분을 통과시켜 ●부분으로 빼낸 다음 실꼬리는 정리하지 않고 남겨둔다.
3. ⓐ의 ▲부분을 B실로 반코씩 홈질한 뒤 당겨 주둥이 부분의 경계선을 잡아준다.
4. ⓐ 중심축 사이를 2코 간격을 두고 ⓑ, ⓒ를 연결한다.
5. C실로 눈은 스트레이트 스티치, 코는 ×자로 수놓는다. 줄무늬는 D실로 스트레이트 스티치로 수놓는다.
   콧수염은 B실로 두 가닥으로 주둥이 부분을 통과시킨 뒤 일정한 길이로 자른다.
   모든 작업이 끝난 다음 창구멍을 막는다.

숲속 친구들

× 13 ×
미니 다람쥐와 토끼

메리야스뜨기로 사각 편물을 만들고 모서리 부분을 각각 바느질하면 네 발과 몸을 완성할 수 있는 도안입니다.
몸에 얼굴과 퐁퐁 꼬리를 달면 귀여운 미니 다람쥐와 토끼를 만들 수 있습니다.
다람쥐 꼬리는 별도의 도안이 있지만 2cm 퐁퐁을 타원형으로 다듬어 달아줘도 좋아요.

난이도
★★★

× READY	실 ▨ A 피카소울 6ply 베이지(10번) 4g	게이지 13코×19단 (5×5cm)
	■ B 피카소울 6ply 브라운(18번) 1g	사이즈 다람쥐 7.5×6cm, 토끼 6×5.5cm
	■ C 하이브리드 캐시 10ply 카멜 브라운(17번) 6g	
	■ 피카소울 16ply 블랙(14번) 1g	
	재료와 도구 3mm (토끼), 2.5mm(다람쥐) 막대 바늘, 돗바늘, 가위, 겸자, 시침핀, 마커, 솜 각 1g씩 총 2g	

× 사용 기법과 약어

기본코 만들기 = 기본코 만들기 cast on
겉뜨기 = 겉 k
안뜨기 = 안 p
코 늘리기 = 코 늘리기 kfb
겉뜨기로 2코 모아뜨기 = 2코 모아뜨기 k2tog

메리야스뜨기 = 메리야스뜨기 st-st
아이코드뜨기 = 아이코드뜨기 i-cord
랩앤턴 = 랩앤턴 w&t
코조임 = 코조임 b&t
코막음 = 코막음 cast off

● 참고 노트
1 토끼와 다람쥐의 조립 방법은 동일하다.
2 하이브리드 캐시 10ply 털실은 피카소를 6ply보다 두껍기 때문에 2.5mm 바늘을 사용해야 토끼와 비슷한 사이즈로 완성할 수 있다.

× HOW TO MAKE ×

토끼, 다람쥐 얼굴 ⓐ

토끼는 A실로 다람쥐는 C실로 8코 기본코 만들기 ★

단	
1단	안뜨기
2단	겉1, 코 늘리기×6, 겉1 (14코)
3-9단	메리야스뜨기 7단
10단	겉1, 2코 모아뜨기×6, 겉1 (8코)
11단	안뜨기

코조임

토끼 귀 ⓑ, ⓒ

A실로 5코 기본코 만들기 ●

1-5단	아이코드뜨기 5단

다람쥐 귀 ⓑ, ⓒ

C실로 3코 기본코 만들기 ●

1-2단	아이코드뜨기 2단

토끼, 다람쥐 몸통 ⓓ

토끼는 A실로 다람쥐는 C실로 15코 기본코 만들기

1단-18단	겉뜨기로 메리야스뜨기 18단

코막음

다람쥐 꼬리 ⓔ

C실로 11코 기본코 만들기

1단	안뜨기
2단	겉1, 코 늘리기×2, 겉5, 코 늘리기×2, 겉1 (15코)
3-7단	메리야스뜨기 5단
8-15단	겉6, 랩앤턴, 안6 겉4, 랩앤턴, 안4 겉2, 랩앤턴, 안2 랩앤턴의 코를 정리하면서 겉뜨기한다. 안6, 랩앤턴, 겉6 안4, 랩앤턴, 겉4 안2, 랩앤턴, 겉2 랩앤턴의 코를 정리하면서 안뜨기한다.
16-17단	메리야스뜨기 2단
18단	겉1, 2코 모아뜨기, 겉9, 2코 모아뜨기, 겉1 (13코)
19단	안뜨기
20단	겉1, 2코 모아뜨기×2, 겉3, 2코 모아뜨기×2, 겉1 (9코)
21단	안뜨기

코조임

× HOW TO MAKE ×

조립 방법

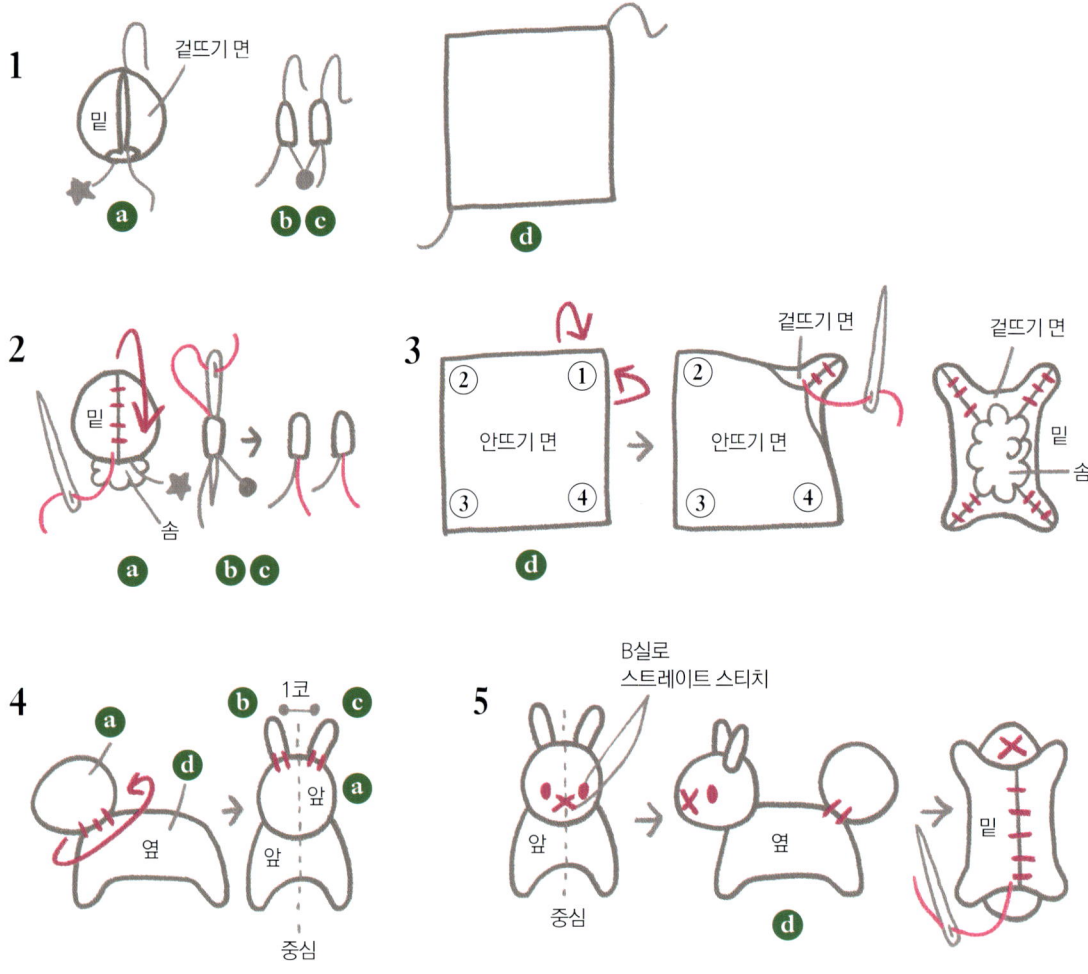

1 도안을 참고하여 토끼의 ⓐ, ⓑ, ⓒ, ⓓ를 준비한다.

2 돗바늘에 ⓐ의 실꼬리를 꿰어 메리야스잇기 방법으로 화살표 방향으로 솔기를 잇고 솜을 채워 넣은 다음 창구멍을 막는다. 솔기를 이은 부분을 얼굴 밑면으로 설정한다. ⓑ, ⓒ의 실꼬리는 아이코드 중간 부분을 통과시켜 ●부분으로 빼낸 다음 실꼬리를 정리하지 않고 남겨둔다.

3 ⓓ의 각 모서리 부위를 순서대로 꿰매어 다리를 만든 다음 솜을 채워 넣는다. Ⓐ, Ⓑ, Ⓒ, Ⓓ

4 ⓐ, ⓓ를 연결하고, ⓐ의 중심축 사이를 1코 정도 간격을 두고 ⓑ, ⓒ를 연결한다.

5 눈은 B실로 스트레이트 스티치로 수놓고, 코는 ×자로 수놓는다.

6 A실로 35회 감아 2cm 원형 퐁퐁을 만든 다음 ⓓ의 꼬리 부분에 연결한다. ⓓ의 창구멍을 막는다.

7 다람쥐는 꼬리 ⓔ를 뜬 다음 솔기를 잇고 다람쥐꼬리 부분에 연결한다.

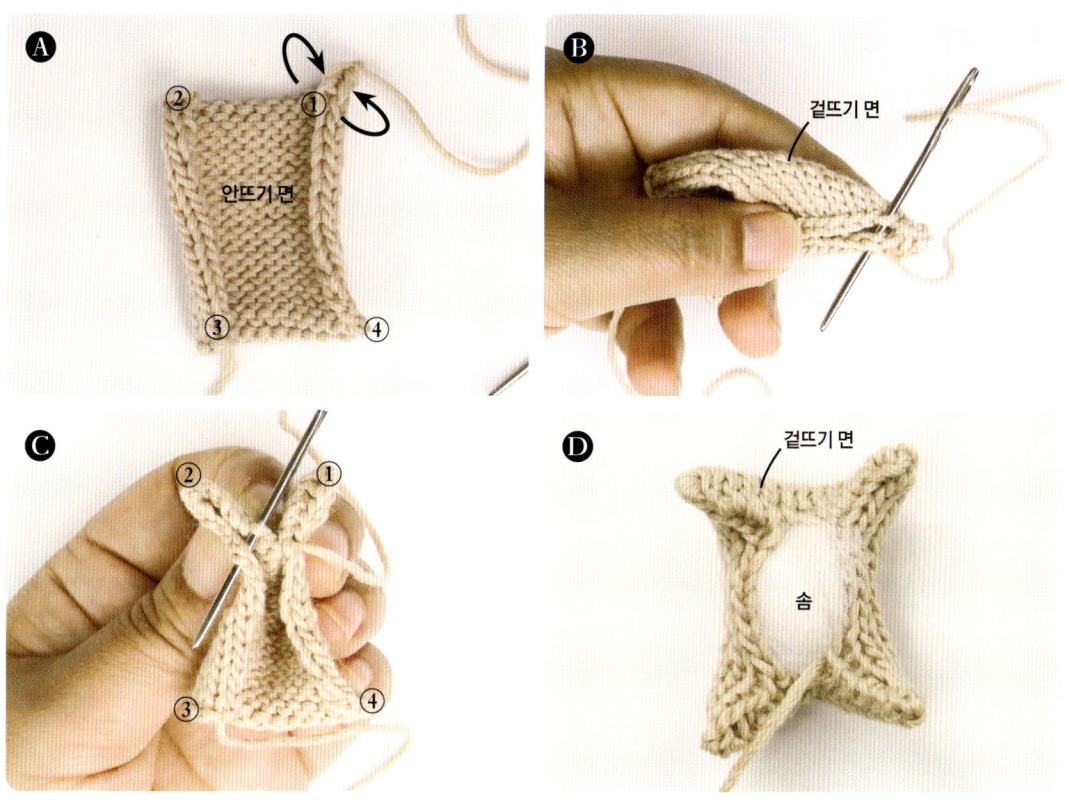#

× 14 ×
줄무늬 꼬리 너구리

뒷다리, 몸, 앞다리, 얼굴까지 한 장으로 전신형 너구리를 만드는 도안입니다.
여우보다 몸통이 통통하고 다리가 짧은 형태입니다. 뜨는 도중 코를 늘릴 수 있는 감아코 만들기를 연습할 수 있습니다.

× READY	실 ■ A 피카소울 6ply 연코코아멜란지(11번) 4g	게이지 13코×19단 (5×5cm)
	■ B 피카소울 6ply 블랙(14번) 1g	사이즈 12.5×5cm
	□ C 피카소울 6ply 크림(02번) 1g	

재료와 도구 3mm 막대 바늘, 돗바늘, 가위, 겸자, 시침핀, 마커, 솜 3g

× **사용 기법과 약어**

기본코 만들기 = 기본코 만들기 cast on
겉뜨기 = 겉 k
안뜨기 = 안 p
코 늘리기 = 코 늘리기 kfb
겉뜨기로 2코 모아뜨기 = 2코 모아뜨기 k2tog
오른코 줄이기 = 오른코 줄이기 ssk
왼코 만들기 = 왼코 만들기 m1l

오른코 만들기 = 오른코 만들기 m1r
메리야스뜨기 = 메리야스뜨기 st-st
아이코드뜨기 = 아이코드뜨기 i-cord
감아코 만들기 = 감아코 만들기 blco
코막음 = 코막음 cast off
코조임 = 코조임 b&t

● **참고 노트**
1 너구리 전신 ⓐ 도안은 뒷다리, 몸통, 앞다리, 얼굴까지 한 장으로 되어 있다.
2 너구리 전신 ⓐ의 33단부터 인타르시아(세로 배색) 뜨기를 진행한다. A실 2개를 준비한다.
3 귀의 아이코드 실꼬리를 정리하는 방법은 p.137 그린도토리의 조립 방법을 참고한다.

✳ HOW TO MAKE ✳

너구리 전신 ⓐ

A실로 20코 기본코 만들기

1-6단	안뜨기로 시작, 메리야스뜨기 6단
7단	코막음2, 안17 (18코)
8단	코막음2, 겉15 (16코)
9단	감아코 만들기2, 안18 (18코)
10단	감아코 만들기2, 겉20 (20코)
11-16단	메리야스뜨기 6단
17단	코막음2, 안17 (18코)
18단	코막음2, 겉15 (16코)
19단	감아코 만들기2, 안18 (18코)
20단	감아코 만들기2, 겉9, 오른코 만들기, 겉2, 왼코 만들기, 겉9 (22코)
21단	안뜨기
22단	겉10, 오른코 만들기, 겉2, 왼코 만들기, 겉10 (24코)
23단	안뜨기
24단	겉11, 오른코 만들기, 겉2, 왼코 만들기, 겉11 (26코)
25단	코막음2, 안23 (24코)
26단	코막음2, 겉21 (22코)
27단	코막음6, 안15 (16코)
28단	코막음6, 겉9 (10코)
29단	안뜨기
30단	(겉1, 왼코 만들기)×3, 겉4, (왼코 만들기, 겉1)×3 (16코)
31단	안뜨기
32단	겉4, B실을 연결하여 겉8, 겉4 (16코)
33단	안3, 안10, 안3, A, B실을 자른다. (16코)
34단	C실을 연결하여 겉1, 2코모아뜨기×7, 겉1 (9코)
35단	안뜨기
36단	겉1, 2코 모아뜨기, 겉3, 2코 모아뜨기, 겉1 (7코)
37단	안뜨기

코조임 ■

귀 ⓑ, ⓒ

A실로 3코 기본코 만들기 ●

1-3단	아이코드뜨기 3단

코조임

꼬리 ⓓ

A실로 8코 기본코 만들기 ◆

1-3단	안뜨기로 시작, 메리야스뜨기 3단
4단	겉1, 코 늘리기×6, 겉1 (14코)
5단	안뜨기
6-7단	B실을 연결하여 메리야스뜨기 2단
8-9단	A실로 메리야스뜨기 2단
10-11단	B실로 메리야스뜨기 2단
12-13단	A실로 메리야스뜨기 2단
14-15단	B실로 메리야스뜨기 2단, B실을 자른다.
16단	A실로 겉1, 2코 모아뜨기×6, 겉1 (8코)
17-19단	메리야스뜨기 3단

코조임

× HOW TO MAKE ×

조립 방법

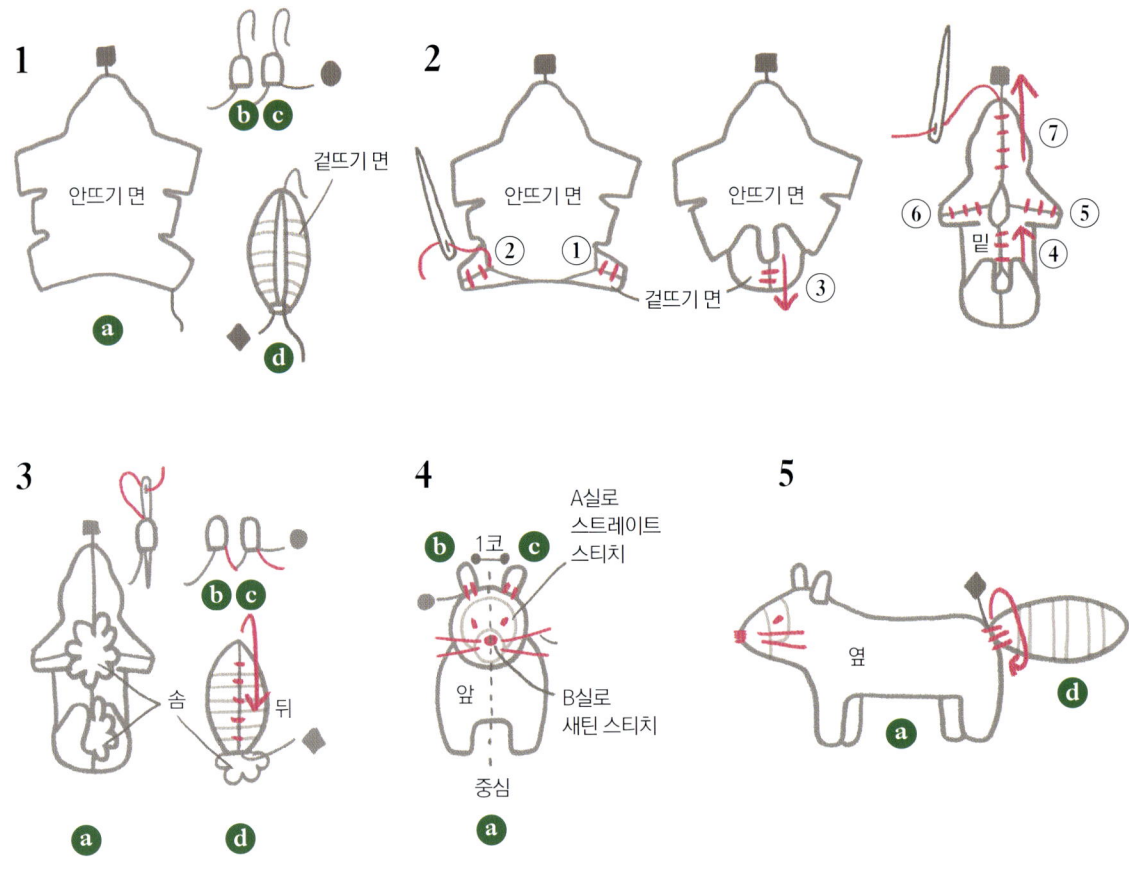

1. ⓐ, ⓑ, ⓒ, ⓓ를 준비한다.
2. ⓐ의 ①부터 순서대로 메리야스뜨기 잇기 방법으로 솔기를 이어준다. Ⓐ, Ⓑ, Ⓒ, Ⓓ
3. 다리 사이의 창구멍으로 솜을 채워 넣는다. ⓑ, ⓒ는 실꼬리는 아이코드 중간 부분을 통과시켜 ●부분으로 빼내고 실꼬리는 정리하지 않고 남겨둔다. ⓓ도 솔기를 잇고 실꼬리를 정리하지 않고 남겨두고 솜을 채워 넣는다.
4. ⓐ의 중심축 사이를 1코 정도 간격을 두고 ⓑ, ⓒ를 연결한다. 눈은 A실로 스트레이트 스티치, 코는 B실로 새틴 스티치, 수염은 C실 2가닥으로 양볼의 코와 코 사이를 연결한다.
5. ⓓ는 이미지를 참고하여 ⓐ의 꼬리 부분에 연결한다. 모든 작업이 끝난 후 창구멍은 감침질로 막는다.

× 15 ×
붉은 여우

너구리 친구 여우는 너구리 보다 몸이 길고 다리가 긴 형태입니다. 다리와 귀에 검정 배색이 들어가기 때문에
조금 어려울 수 있지만 도안을 보면서 차근차근 따라하다 보면 완성할 수 있습니다.
너구리를 먼저 만들어 본 후 여우를 만들면 훨씬 더 수월하게 만들 수 있습니다.

× **READY**

실 ■ A 피카소울 6ply 오렌지브라운(49번) 4g
■ B 피카소울 6ply 블랙(14번) 1g
☐ C 피카소울 6ply 크림(02번) 1g

재료와 도구 3mm 막대 바늘, 돗바늘, 가위, 겸자, 시침핀, 마커, 솜 3g

게이지 13코×19단 (5×5cm)

사이즈 14×6cm

× **사용 기법과 약어**

기본코 만들기 = 기본코 만들기 cast on
겉뜨기 = 겉 k
안뜨기 = 안 p
코 늘리기 = 코 늘리기 kfb
겉뜨기로 2코 모아뜨기 = 2코 모아뜨기 k2tog
오른코 줄이기 = 오른코 줄이기 ssk
오른코 만들기 = 오른코 만들기 m1r

왼코 만들기 = 왼코 만들기 m1l
메리야스뜨기 = 메리야스뜨기 st-st
아이코드뜨기 = 아이코드뜨기 i-cord
감아코 만들기 = 감아코 만들기 blco
코조임 = 코조임 b&t
코막음 = 코막음 cast off

● **참고 노트**

1 여우 전신 ⓐ도안은 뒷다리, 몸통, 앞다리, 목, 얼굴까지 한 장으로 되어 있다.
2 여우 전신 ⓐ의 1단부터 인타르시아(세로 배색) 뜨기를 진행한다. B실 2개를 준비한다.
3 ⓐ도안은 1단부터 다리 부분의 배색이 들어가는데, 인타르시아 연결 코가 느슨해지면 구멍이 생길 수 있으므로 주의한다.

× HOW TO MAKE ×

	여우 전신 ⓐ
A실로 22코 기본코 만들기	
1단	B실을 연결하여 안4, 안14, B실을 연결하여 안4
2단	겉4, 겉14, 겉4
3-6단	1, 2단을 두 번 반복한다.
7단	코막음3, 코막음1, 안13, 안4 (18코)
8단	코막음3, 코막음1, 겉13, B실은 모두 자른다 (14코)
9단	감아코 만들기2, 안16 (16코)
10단	감아코 만들기2, 겉18 (18코)
11-18단	메리야스뜨기 8단
19단	코막음2, 안15 (16코)
20단	코막음2, 겉13 (14코)
21단	B실을 연결하여 감아코 만들기4, 안4, 안14 (18코)
22단	새로운 B실을 연결하여 감아코 만들기4, 겉4, 겉6, 오른코 만들기, 겉2, 왼코 만들기, 겉6, 겉4 (24코)
23단	안4, 안16, 안4
24단	겉4, 겉7, 오른코 만들기, 겉2, 왼코 만들기, 겉7, 겉4 (26코)
25단	안4, 안18, 안4
26단	겉4, 겉8, 오른코 만들기, 겉2, 왼코 만들기, 겉8, 겉4 (28코)
27단	코막음3, 코막음1, 안19, 안4 (24코)
28단	코막음3, 코막음1, 겉19, B실은 모두 자른다 (20코)
29단	코막음4, 안15 (16코)
30단	코막음4, 겉11 (12코)
31단	안뜨기
32단	겉1, (겉1, 왼코 만들기)×3, 겉4, (왼코 만들기, 겉1)×3, 겉1 (18코)
33단	안뜨기
34단	겉7, 2코 모아뜨기, 오른코 줄이기, 겉7 (16코)
35단	안뜨기, A실을 자른다
36단	C실을 연결하여 겉6, 2코 모아뜨기, 오른코 줄이기, 겉6 (14코)
37단	안뜨기
38단	겉1, 2코 모아뜨기×6, 겉1 (8코)
39단	안뜨기
코조임 ■	

	귀 ⓑ, ⓒ
A실로 8코 기본코 만들기 ●	
1-2단	겉뜨기로 시작, 메리야스뜨기 2단
3단	B실을 연결하여 겉1, 2코 모아뜨기×3, 겉1 (5코)
4단	안뜨기
코조임	

	꼬리 ⓓ
A실로 8코 기본코 만들기 ◆	
1-3단	안뜨기로 시작, 메리야스뜨기 3단
4단	겉1, 코 늘리기×6, 겉1 (14코)
5-11단	메리야스뜨기 7단
12-15단	C실을 연결하여 겉뜨기로 시작, 메리야스뜨기 4단
16단	겉1, 2코 모아뜨기×6, 겉1 (8코)
17-19단	메리야스뜨기 3단
코조임	

조립 방법

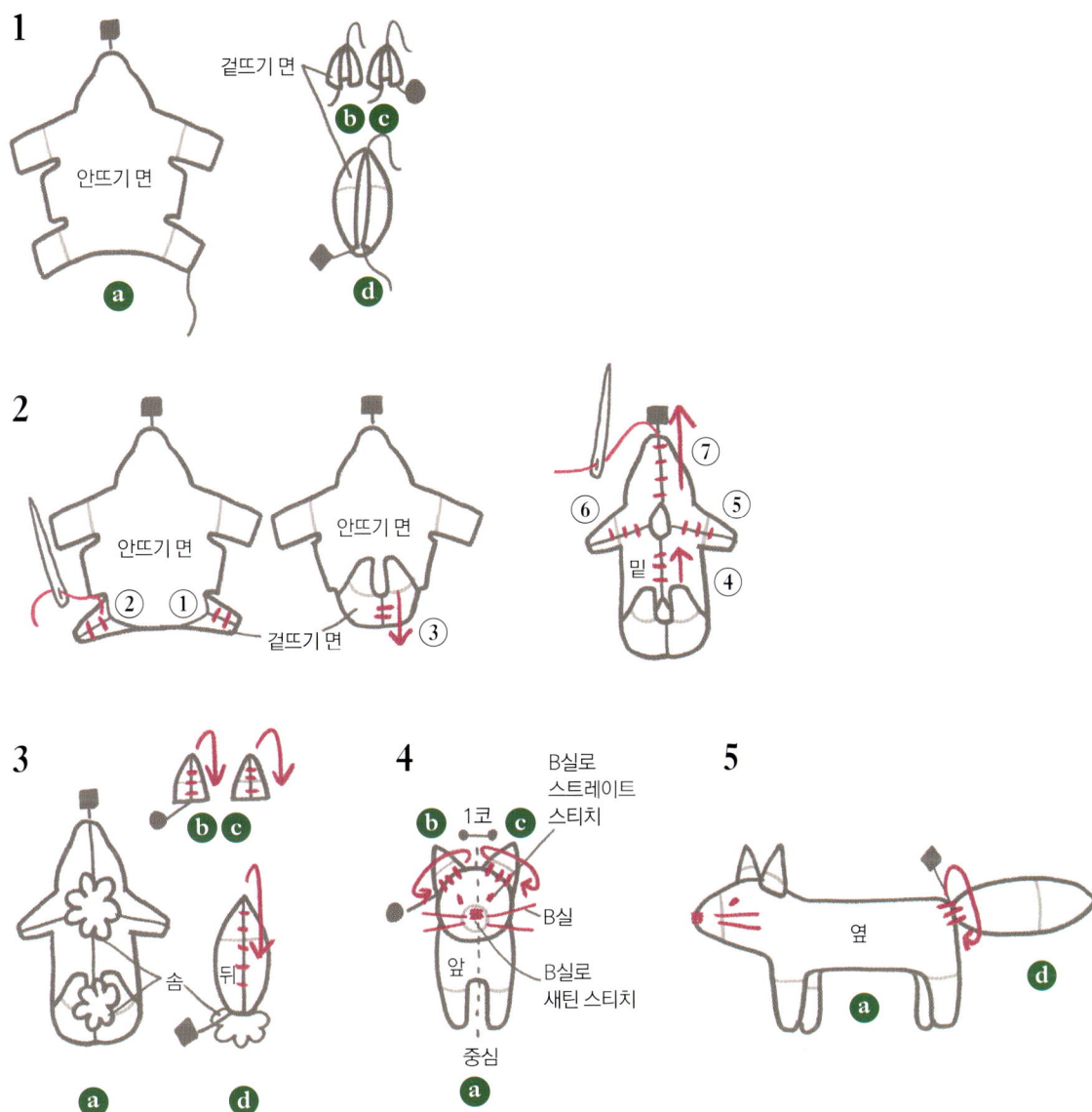

1 도안을 참고하여 ⓐ, ⓑ, ⓒ, ⓓ를 준비한다.

2 ⓐ의 ①부터 순서대로 메리야스뜨기 잇기 방법으로 솔기를 이어준다.

3 다리 사이의 창구멍으로 솜을 채워 넣는다. ⓑ, ⓒ, ⓓ도 솔기를 잇고 실꼬리는 정리하지 않고 남겨둔다.
   ⓓ는 솜을 채워 넣는다.

4 ⓐ의 중심축 사이를 1코 정도 간격을 두고 ⓑ, ⓒ를 연결한다. 눈은 B실로 스트레이트 스티치로 수놓는다.
   수염은 B실 2가닥으로 양볼의 코와 코 사이에 연결한다.

5 ⓓ는 이미지를 참고하여 ⓐ의 꼬리 부분에 연결한다. 모든 작업이 끝난 다음 창구멍은 감침질로 막는다.

× 16 ×
숲속의 곰

볼록한 등라인과 통통한 엉덩이가 매력적인 전신형 곰입니다. 심플한 검은 눈동자도 귀엽지만
크림색 실로 흰자를 표현만 해도 눈의 디테일이 달라질 수 있으니 tip의 눈 디테일 표현을 참고하여 작업해주세요.
발바닥은 평평해서 네발로 안정적으로 세울 수 있습니다.

× READY	실	■ A 피카소울 6ply 브라운(18번) 30g	게이지 13코×19단 (5×5cm)

- 실
  - ■ A 피카소울 6ply 브라운(18번) 30g
  - □ B 피카소울 6ply 크림(02번) 1g
  - ■ C 피카소울 6ply 블랙(14번) 1g
- 재료와 도구 3mm 막대 바늘, 돗바늘, 가위, 겸자, 시침핀, 마커, 솜 50g

게이지 13코×19단 (5×5cm)

사이즈 19×9.5cm

× 사용 기법과 약어

기본코 만들기 = 기본코 만들기 cast on
겉뜨기 = 겉 k
안뜨기 = 안 p
겉뜨기로 2코 모아뜨기 = 2코 모아뜨기 k2tog
오른코 줄임 = 오른코 줄임 ssk
오른코 만들기 = 오른코 만들기 m1r
왼코 만들기 = 왼코 만들기 m1l

메리야스뜨기 = 메리야스뜨기 st-st
감아코 만들기 = 감아코 만들기 blco
겉뜨기로 코줍기 = 코줍기 puk
코조임 = 코조임 b&t
코막음 = 코막음 cast off

● 참고 노트

1 곰 전신 ⓐ 도안은 뒷다리, 몸통, 앞다리, 목, 얼굴까지 한 장으로 되어 있다.
2 곰의 발바닥은 조립 방법의 설명을 참고하여 완성한다.

× HOW TO MAKE ×

곰 전신 ⓐ
A실로 42코 기본코 만들기 ★

1-2단	겉뜨기로 시작, 메리야스뜨기 2단
3단	겉19, 오른코 만들기, 겉4, 왼코 만들기, 겉19 (44코)
4단	안뜨기
5단	겉20, 오른코 만들기, 겉4, 왼코 만들기, 겉20 (46코)
6단	안뜨기
7단	겉21, 오른코 만들기, 겉4, 왼코 만들기, 겉21 (48코)
8단	안뜨기
9단	겉22, 오른코 만들기, 겉4, 왼코 만들기, 겉22 (50코)
10단	안뜨기
11단	겉23, 오른코 만들기, 겉4, 왼코 만들기, 겉23 (52코)
12단	안뜨기
13단	겉24, 오른코 만들기, 겉4, 왼코 만들기, 겉24 (54코)
14단	안뜨기
15단	겉25, 오른코 만들기, 겉4, 왼코 만들기, 겉25 (56코)
16-23단	메리야스뜨기 8단
24단	코막음6, 안49 (50코)
25단	코막음6, 겉43 (44코)
26단	감아코 만들기2, 안46 (46코)
27단	감아코 만들기2, 겉48 (48코)
28-32단	메리야스뜨기 5단
33단	겉2, 오른코 줄이기, 겉40, 2코 모아뜨기, 겉2 (46코)
34단	안뜨기
35단	겉2, 오른코 줄이기, 겉38, 2코 모아뜨기, 겉2 (44코)
36단	안뜨기
37단	겉19, 2코 모아뜨기, 겉2, 오른코 줄이기, 겉19 (42코)
38단	안뜨기
39단	겉18, 2코 모아뜨기, 겉2, 오른코 줄이기, 겉18 (40코)
40단	코막음2, 안37 (38코)
41단	코막음2, 겉35 (36코)
42단	감아코 만들기10, 안46 (46코)
43단	감아코 만들기10, 겉56 (56코)
44단	안뜨기
45단	겉26, 오른코 만들기, 겉4, 왼코 만들기, 겉26 (58코)
46단	안뜨기
47단	겉27, 오른코 만들기, 겉4, 왼코 만들기, 겉27 (60코)
48단	안뜨기
49단	겉28, 오른코 만들기, 겉4, 왼코 만들기, 겉28 (62코)
50단	안뜨기
51단	겉29, 오른코 만들기, 겉4, 왼코 만들기, 겉29 (64코)
52단	안뜨기
53단	겉29, 2코 모아뜨기, 겉2, 오른코 줄이기, 겉29 (62코)
54단	안뜨기
55단	겉28, 2코 모아뜨기, 겉2, 오른코 줄이기, 겉28 (60코)
56단	안뜨기
57단	겉27, 2코 모아뜨기, 겉2, 오른코 줄이기, 겉27 (58코)
58-61단	메리야스뜨기 4단
62단	코막음10, 안47 (48코)
63단	코막음10, 겉37 (38코)
64단	코막음3, 안34 (35코)
65단	코막음3, 겉31 (32코)
66단	코막음2, 안29 (30코)
67단	코막음2, 겉27 (28코)
68단	안뜨기

69단	겉2, (왼코 만들기, 겉2)×12, 겉2 (40코)
70-72단	메리야스뜨기 3단
73단	겉4, (2코 모아뜨기, 겉2)×4, (겉2, 오른코 줄이기)×4, 겉4 (32코)
74-76단	메리야스뜨기 3단
77단	겉1, 2코 모아뜨기, (2코 모아뜨기, 겉1)×4, 겉2, (겉1, 오른코 줄이기)×4, 오른코 줄이기, 겉1 (22코)
78단	안뜨기, A실을 자른다
79단	B실을 연결하고, 겉1, (2코 모아뜨기, 겉1)×3, 겉2, (겉1, 오른코 줄이기)×3, 겉1 (16코) ▲
80-82단	안뜨기로 시작, 메리야스뜨기 3단
83단	겉5, 2코 모아뜨기, 겉2, 오른코 줄이기, 겉5 (14코)
84단	안뜨기
85단	겉4, 2코 모아뜨기, 겉2, 오른코 줄이기, 겉4 (12코)
86단	안뜨기
	코조임 ■

귀 ⓑ, ⓒ

A실로 10코 기본코 만들기 ●

1-2단	겉뜨기로 시작, 메리야스뜨기 2단
3단	겉1, (왼코 만들기, 겉2)×4, 겉1 (14코)
4단	안뜨기
5단	겉1, 2코 모아뜨기×6, 겉1 (8코)
6단	안뜨기
	코조임

× HOW TO MAKE ×

조립 방법

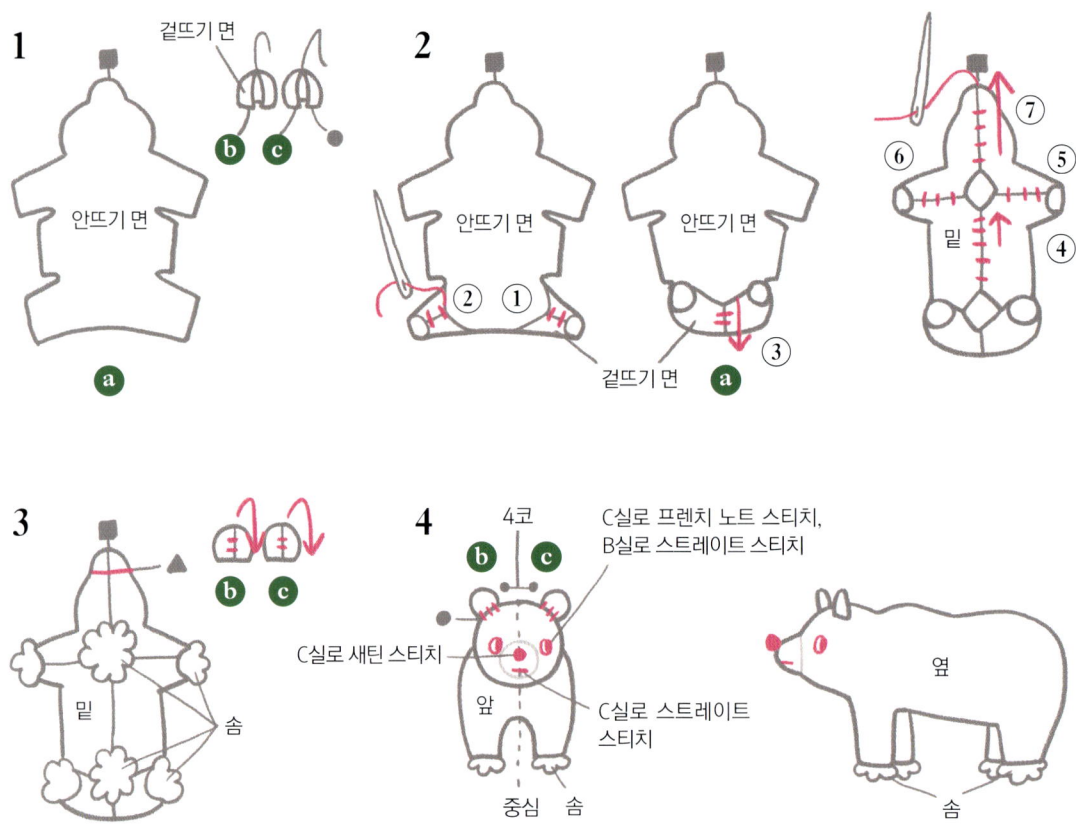

1 도안을 참고하여 ⓐ, ⓑ, ⓒ를 준비한다.

2 ⓐ의 ①부터 순서대로 메리야스뜨기 잇기 방법으로 솔기를 이어준다.

3 다리 사이와 발바닥의 창구멍으로 솜을 채워 넣는다. ⓑ, ⓒ 솔기를 잇고 실꼬리는 정리하지 않고 남겨둔다.

4 ⓐ 얼굴의 중심축 사이를 4코 정도 간격을 두고 ⓑ, ⓒ를 연결한다. 눈은 C실로 프렌치 노트 스티치와 스트레이트 스티로 수놓고, 코는 C실로 새틴 스티치한다. 입은 C실로 스트레이트 스티치로 수놓는다.

5 ⓐ의 발바닥 단끝에서 한 바늘에 6코씩 두 바늘에 총 12코 줍는다. **Ⓐ**, **Ⓑ** (p.45 '겉뜨기로 코줍기' 참고)

6 겉뜨기로 1단을 뜬 후 솜을 채워 넣고 코조임한다.
   나머지 발바닥도 5~6번과 동일한 방법으로 작업한다. **Ⓒ**, **Ⓓ**, **Ⓔ**

7 다리 사이에 있는 창구멍으로 솜을 채워 넣고 감침질로 막는다. **Ⓕ**, **Ⓖ**, **Ⓗ**

TIP

눈의 디테일 표현

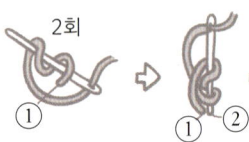 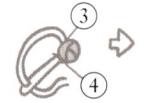   

C실로 프렌치 노트 스티치

B실로 스트레이트 스티치

PLUS TIP

곰 모자 만들기

p.146 땅속 요정의 모자를 응용하여 곰 모자를 만들 수 있어요.

실 D 피카소울 6ply 레드(20번) 1g

D실로 24코 기본코 만들기

1-4단	겉뜨기로 시작, 메리야스뜨기 4단	13단	2코 모아뜨기×6 (6코)
5단	(겉2, 2코 모아뜨기)×6 (18코)	14-16단	메리야스뜨기 3단
6-8단	메리야스뜨기 3단		**코조임**
9단	(겉1, 2코 모아뜨기)×6 (12코)		
10-12단	메리야스뜨기 3단		

× 17 ×
초롱 눈망울의 꽃사슴

목이 긴 형태의 사슴으로 얼굴, 목+앞다리+몸통, 뒷다리×2, 귀×2, 꼬리 총 일곱 장을 연결하여 사슴의 형태를 완성합니다.
이 책에서 가장 난이도가 높은 도안입니다. 목부터 앞다리를 뜬 후 목과 다리 사이의 솔기 부분에서 코를 주워
몸통을 만드는 방법을 소개합니다. 경사뜨기인 랩앤턴을 사용하여 굽은 뒷다리도 표현할 수 있습니다.

✕ READY	실 ■ A 피카소울 6ply 오렌지브라운(49번) 8g □ B 피카소울 6ply 크림(02번) 1g ■ C 피카소울 6ply 블랙(14번) 1g **재료와 도구** 3mm 막대 바늘, 돗바늘, 가위, 겸자, 시침핀, 마커, 솜 12g	게이지 13코×19단 (5×5cm) 사이즈 7.5×11.5cm

✕ **사용 기법과 약어**

기본코 만들기 = 기본코 만들기 cast on

겉뜨기 = 겉 k

안뜨기 = 안 p

겉뜨기로 2코 모아뜨기= 2코 모아뜨기 k2tog

오른코 줄임 = 오른코 줄임 ssk

오른코 만들기 = 오른코 만들기 m1r

왼코 만들기 = 왼코 만들기 m1l

메리야스뜨기 = 메리야스뜨기 st-st

감아코 만들기 = 감아코 만들기 blco

겉뜨기로 코줍기 = 코줍기 puk

랩앤턴 = 랩앤턴 w&t

코조임 = 코조임 b&t

코막음= 코막음 cast off

● **참고 노트**

1 사슴 몸 ⓔ 도안은 사슴의 목부터 시작해서 가슴 앞다리를 뜬 다음 앞다리와 목 사이의 솔기 부분에서 코를 주워서 몸통을 연결하여 완성한다(p.45 '겉뜨기로 코줍기' 참고).

2 *~* 반복되는 곳을 확인하여 *부터 *까지 작업을 반복한다.

3 사슴 얼굴 ⓐ의 10단과 전신 ⓔ의 1단부터 인타르시아(세로 배색) 뜨기를 진행한다. 해당하는 실 2개를 준비한다.

4 ⓔ 도안의 1단부터 배색이 들어가는데, 인타르시아 연결 코가 느슨해지면 구멍이 생길 수도 있으므로 주의한다.

× HOW TO MAKE ×

사슴 얼굴 ⓐ

A실로 11코 기본코 만들기 ★

1단	안뜨기
2단	겉1, (왼코 만들기, 겉1)×9, 겉1 (20코)
3-9단	메리야스뜨기 7단
10단	B실을 연결하여 겉4, 겉12, 겉4
11단	안5, 안10, 안5
12단	겉1, 2코 모아뜨기×2, 2코 모아뜨기×5, 2코 모아뜨기×2, 겉1 (12코)
13단	안3, 안5, 안3
14단	겉3, 겉5, 겉3
15단	안3, 안5, 안3
16단	겉1, 2코 모아뜨기, 2코 모아뜨기, 겉1, 2코 모아뜨기, 2코 모아뜨기, 겉1 (8코)
	코조임

귀, 꼬리 ⓑ, ⓒ, ⓓ

A실로 10코 만들기 ●

1-4단	겉뜨기로 시작, 메리야스뜨기 4단
5단	겉1, 2코 모아뜨기X4, 겉1 (6코)
6단	안뜨기
	코조임

사슴 몸 ⓔ 사슴 목+가슴+앞다리

A실로 14코 기본코 만들기 ■

1단	겉5, B실을 연결하여 겉4, 겉5
2단	안5, 안4, 안5
3단	겉5, 겉4, 겉5
4단	안5, 안4, 안5
5단	겉5, 겉4, 겉5
6단	안5, 안4, 안5
7단	겉5, 겉4, 겉5
8단	안5, 안4, 안5
9단	겉4, 오른코 만들기, 겉1, 겉1, 오른코 만들기, 겉2, 왼코 만들기, 겉1, 겉1, 왼코 만들기, 겉4 (18코)
10단	안6, 안6, 안6
11단	겉6, 겉6, 겉6
12단	안6, 안6, 안6
13단	겉5, 오른코 만들기, 겉1, 겉1, 오른코 만들기, 겉4, 왼코 만들기, 겉1, 겉1, 왼코 만들기, 겉5 (22코)
14단	안7, 안8, 안7
15단	겉8, 겉6, 겉8
16단	안9, 안4, 안9
17단	겉10, 겉2, 겉10, B실을 자른다 ▲
＊18단	안11, 편물을 돌린다. 나머지 11코는 바늘에 걸어둔다. (11코)
19-24단	메리야스뜨기 6단
25단	겉1, 2코 모아뜨기, 겉5, 오른코 줄이기, 겉1 (9코)
26-31단	메리야스기 6단
	코조임 ＊

나머지 11코를 A실을 연결하여 다시 ＊부터 ＊까지 반복한다.

사슴 몸통

앞다리의 솔기를 잇고, 사슴 목과 앞다리의 ▲부터 ■방향으로 10코 다시 ▲방향으로 10코 총 20코를 줍는다.

1단	A실을 연결하여 안뜨기 (20코)
2단	겉1, 왼코 만들기, 겉18, 오른코 만들기, 겉1 (22코)
3단	안뜨기
4단	겉1, 왼코 만들기, 겉20, 오른코 만들기, 겉1 (24코)
5-11단	메리야스뜨기 7단
12단	겉1, 오른코 줄이기, 겉7, 2코 모아뜨기, 오른코 줄이기, 겉7, 2코 모아뜨기, 겉1 (20코)
13단	안뜨기
14단	겉1, 오른코 줄이기, 겉5, 2코 모아뜨기, 오른코 줄이기, 겉5, 2코 모아뜨기, 겉1 (16코)
15단	안뜨기
16단	겉1, 오른코 줄이기, 겉3, 2코 모아뜨기, 오른코 줄이기, 겉3, 2코 모아뜨기, 겉1 (12코)
	코조임

뒷다리 ①, ⑨

A실로 11코 기본코 만들기 ◆

1단-6단	겉뜨기로 시작, 메리야스뜨기 6단
7-14단	겉4, 랩앤턴, 안4 겉3, 랩앤턴, 안3 겉2, 랩앤턴, 안2 랩앤턴의 코를 정리하면서 겉뜨기한다. 안4, 랩앤턴, 겉4 안3, 랩앤턴, 겉3 안2, 랩앤턴, 겉2 랩앤턴의 코를 정리하면서 안뜨기한다.
15-18단	겉뜨기로 시작, 메리야스 뜨기 4단
19단	겉1, 2코 모아뜨기×2, 겉1, 2코 모아뜨기×2, 겉1 (7코)
20단	안뜨기
	코조임

× HOW TO MAKE ×

뜨는 방법

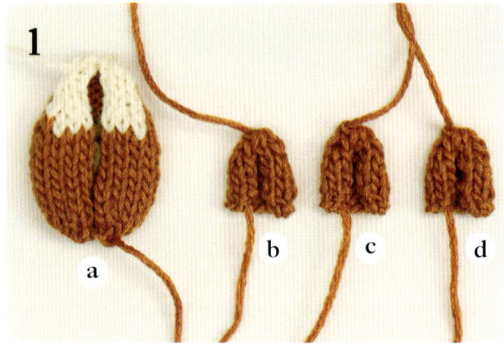

ⓐ, ⓑ, ⓒ, ⓓ 도안의 단수와 콧수를 확인하면서 뜬다.

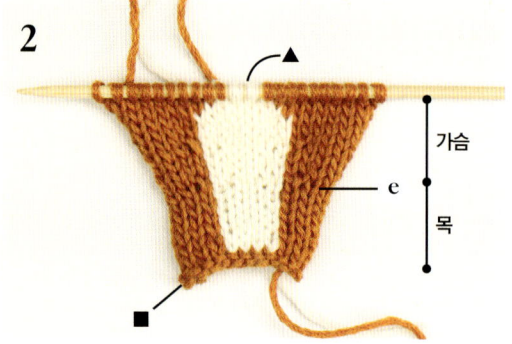

ⓔ의 17단까지 도안대로 뜬다.

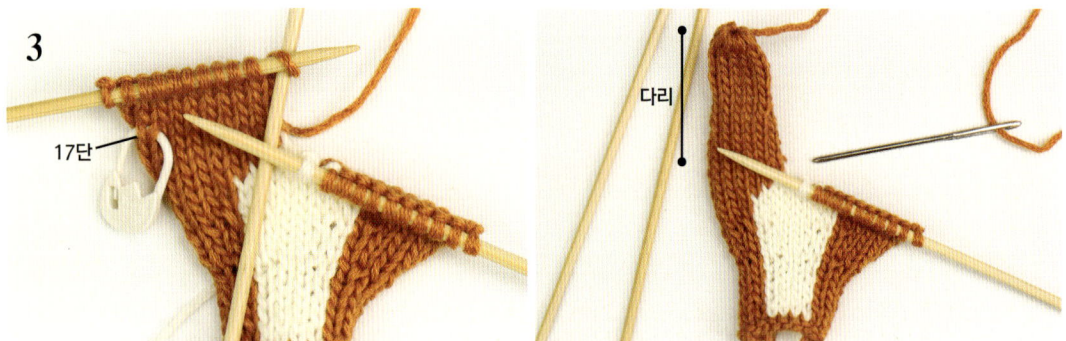

8단의 11코만 *부터 *까지 뜬다. 안뜨기 11코를 한 후 편물을 돌려 바늘 하나를 추가해서 뜨고, 나머지 11코는 기존 바늘에 걸어둔다. 단수를 세기 쉽게 17단을 마커로 표시해도 좋다.

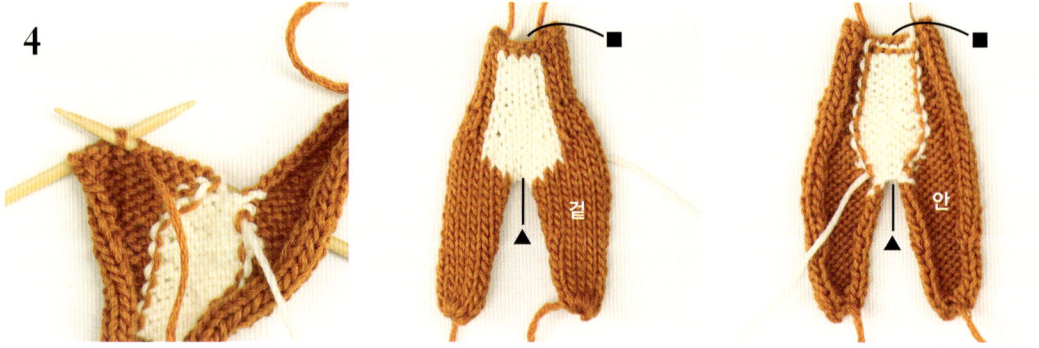

기존 바늘에 걸어둔 11코도 도안의 *부터 *까지 반복하여 두 다리를 모두 뜬다.

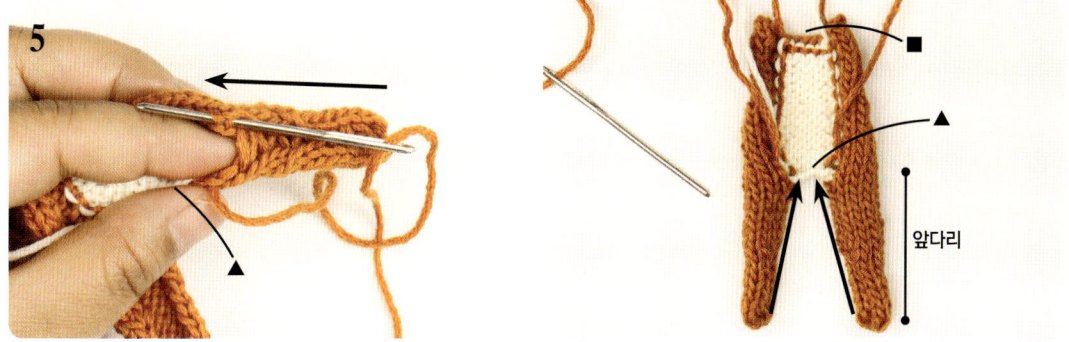

양쪽의 다리 부분만 메리야스잇기로 코조임한 부분부터 ▲까지 솔기를 이어준다.

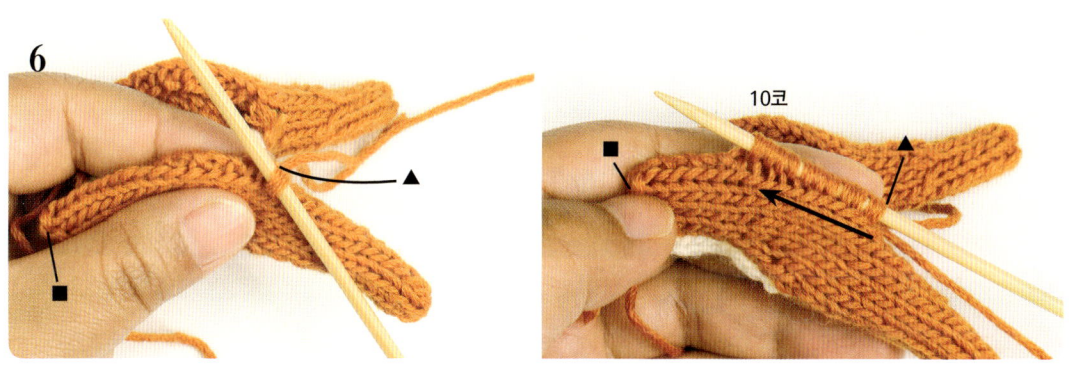

▲부터 ■방향으로 10코 줍는다.

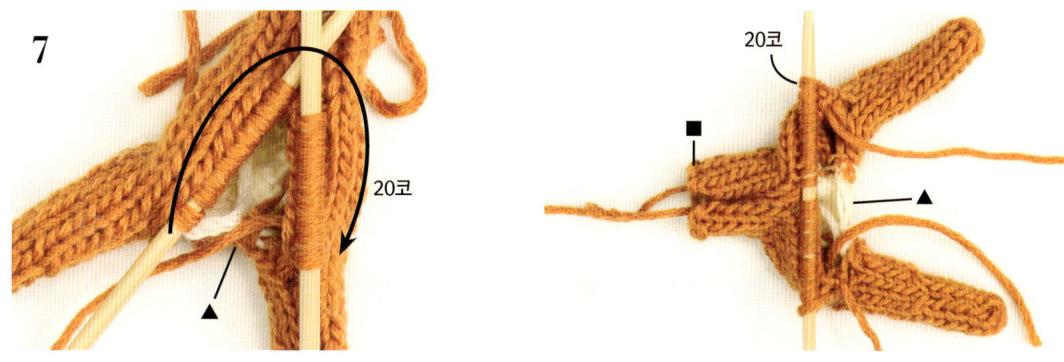

다른 바늘로 반대편 10코를 주워 총 20코를 줍는다. 20코를 하나의 바늘로 코를 옮긴다.

8

몸통 1단부터 16단까지 도안대로 뜬 뒤 코조임한다.

9

몸통의 솔기를 잇고 앞다리 사이는 감침질한다.

10

앞다리와 몸통에 솜을 채워 넣어 형태를 잡는다.

목부분의 솔기를 잇고 솜을 채워 넣어 사슴 몸을 완성한다.

ⓕ의 6단까지 도안의 단수와 콧수를 확인하면서 뜬다.

4코를 겉뜨기한다.

다음 코를 안뜨기 하듯 오른손 바늘로 옮긴다.

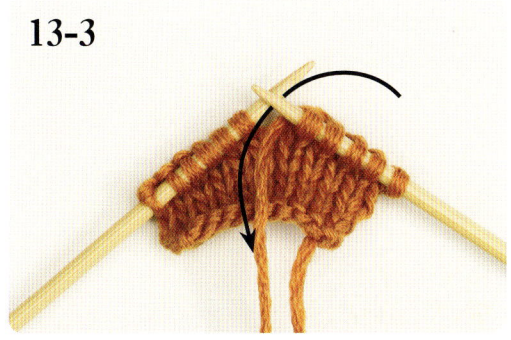

뒤에 있는 실을 앞으로 가져온다.

13-4

옮겼던 1코를 다시 왼손 바늘로 옮긴다.

13-5

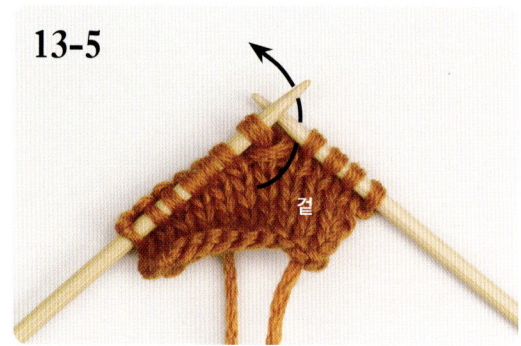

실을 다시 편물 뒤로 보낸다.

13-6

편물 전체를 돌리고 4코 안뜨기한다.

14-1

겉뜨기로 랩앤턴을 모두 뜬 후 래핑(실로 감싸진 고리)된 고리 정리하면서 겉뜨기한다.

14-2

2코 겉뜨기한 뒤 오른손 바늘을 ①의 아래에서 위로 넣는다.

14-3

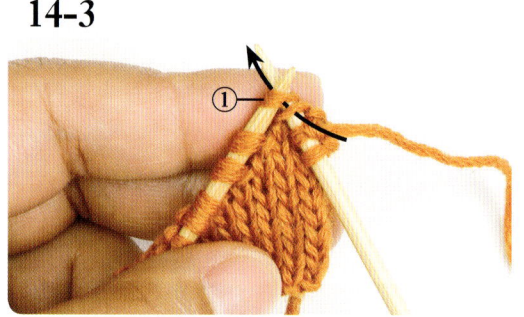

①의 코에 겉뜨기 방향으로 바늘을 넣고 겉뜨기한다.

14-4

②, ③의 래핑된 코도 같은 방법으로 정리하면서 겉뜨기한다.

15-1

4코를 안뜨기한다.

15-2

다음 코를 안뜨기 하듯 오른손 바늘로 옮긴다.

15-3

앞에 있는 실을 뒤로 보낸다.

15-4

옮겼던 1코를 다시 왼손 바늘로 옮기고 실을 다시 앞으로 가져온다.

15-5

편물 전체를 돌리고 4코 겉뜨기한다.

16-1

안뜨기로 랩앤턴을 모두 뜬 후 랩앤턴을 정리하면서 안뜨기한다.

16-2

2코 안뜨기한 뒤 오른손 바늘로 겉면의 랩을 아래에서 위로 들어 올려 왼손 바늘에 건다.

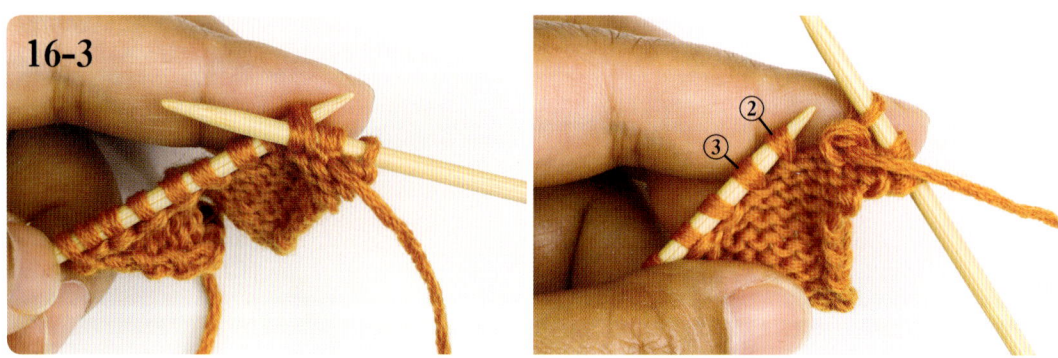

16-3

들어 올린 랩핑된 고리와 ①의 코를 함께 안뜨기한다.

16-4

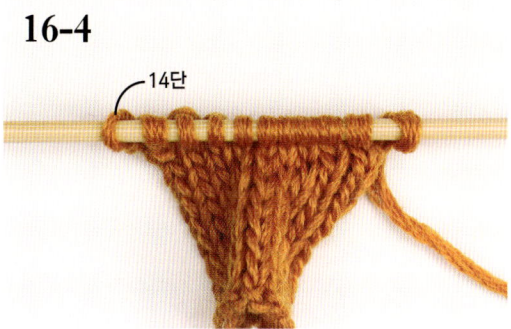

②, ③의 래핑된 코도 같은 방법으로 정리하면서 안뜨기 한다.

17

15단부터 나머지 도안의 단수와 콧수를 확인하면서 뜬 뒤 코조임한다.

× HOW TO MAKE ×

조립 방법

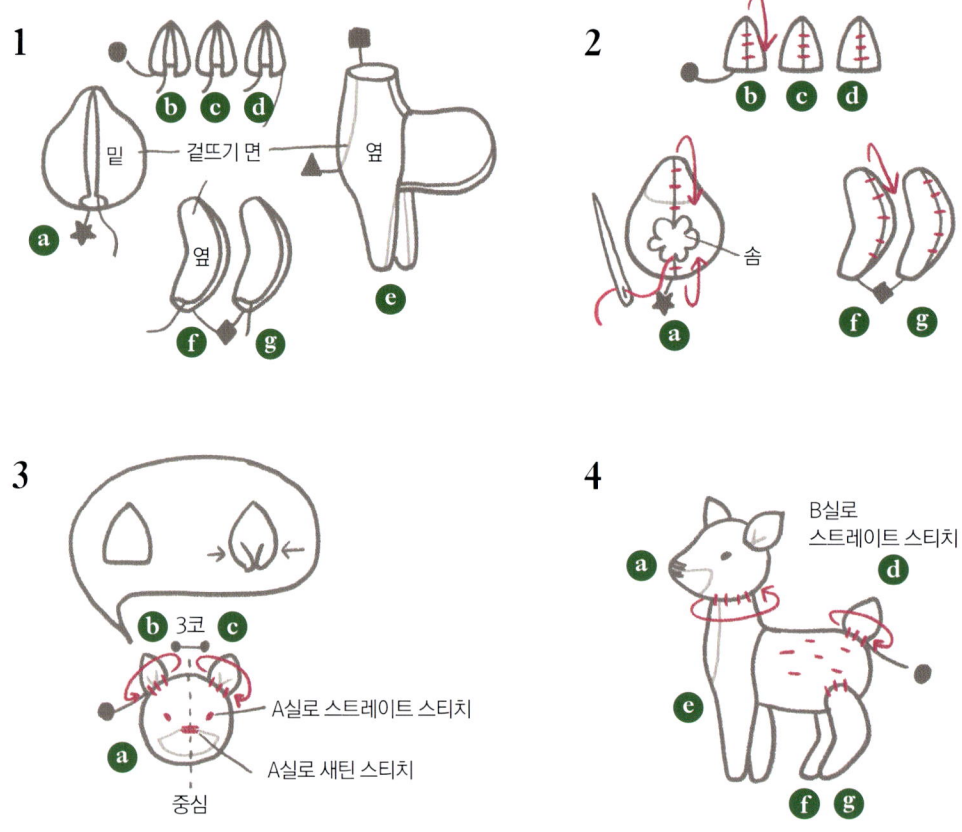

1 ⓐ, ⓑ, ⓒ, ⓓ, ⓔ, ⓕ, ⓖ를 준비한다.

2 ⓐ, ⓕ, ⓖ는 메리야스뜨기 방법으로 솔기를 잇고 솜을 채워 넣는다. ⓕ, ⓖ는 코조임한다.
    ⓑ, ⓒ는 솔기를 잇고 실꼬리는 정리하지 않고 남겨둔다. ⓓ는 솔기를 잇고 코조임한다.

3 ⓐ 중심축 사이를 3코 간격을 두고 ⓑ, ⓒ를 연결한다. 눈은 A실로 스트레이트 스티치,
    코는 새틴 스티치로 수놓는다.

4 ⓔ에 ⓐ, ⓓ, ⓕ, ⓖ를 각 위치에 시침핀으로 고정한 후 연결한다.
    등의 흰 점은 B실로 스트레이트 스티치로 수놓아 완성한다.

TIP
얼굴과 목 경계 부분에 살짝 보이는 A실은 B실로 메리야스뜨기의 코와 코잇기 방법으로 수놓아 가려줍니다.

CHAPTER 05
소품 만들기

인형뜨기 한 아이템들을 조합하여 다양한 소품을 만드는 방법을 소개합니다.

× 01 ×
브로치 만들기

× READY ×

재료와 도구 25mm 브로치 핀, 일반 바늘과 실, 가위

× HOW TO MAKE ×

1

다람쥐 인형과 브로치 핀을 준비한다.

2

다람쥐 옆면에 브로치 핀을 바느질하여 완성한다.

앞

뒤

× 02 ×
백참 만들기

× READY ×

재료와 도구 팔찌 잠금장치 1세트, 오링 3개, 금속 체인 20cm, 진주 장식1개, 큐빅 장식1개, 방울 2개, 펜치

× HOW TO MAKE ×

1

사슴, 층층나무, 중간 버섯 인형과 그외 좋아하는 인형을 준비한다.

2

펜치로 금속 체인 양 끝에 잠금 장치를 연결한다

3

각 인형의 윗부분 코에 오링을 벌려 걸어준다.

4

금속 체인에 사슴, 층층나무, 버섯, 진주 장식, 큐빅 장식, 방울을 연결하여 완성한다.

× 03 ×
동물 손가락 인형 만들기

× READY ×

실 ▓ A 피카소울 6ply 연코코아멜란지(11번) 3g
재료와 도구 4mm 막대 바늘 2개, 돗바늘, 가위

× HOW TO MAKE ×

손가락 몸통	
A로 22코 기본코 만들기	
1단	(겉면) 겉1, (겉2, 안2)×5, 안1 (22코)
2-10단	1단 반복 뜨기 9단
11-20단	메리야스뜨기 10단
21단	겉1, 2코 모아뜨기×10, 겉1 (12코)
코조임	

1

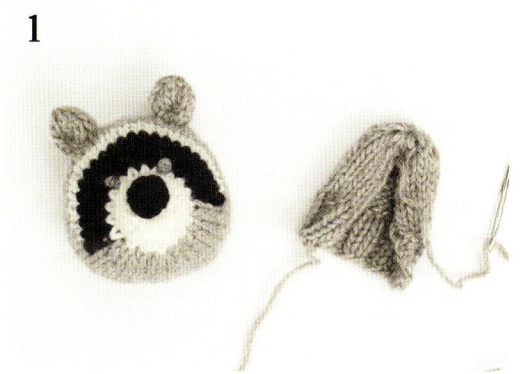

p.166을 참고하여 너구리 얼굴을 준비하고 손가락 몸통 도안을 뜬다. 손가락 길이에 따라 11-20단의 메리야스뜨기 단 수를 조절한다.

2

메리야스뜨기 솔기를 잇는다.

3

안쪽 시접 부분에 감침질하여 실꼬리를 정리한다.

4

돗바늘에 새로운 실을 연결하여 너구리 얼굴과 몸통을 코와 코잇기로 연결하여 완성한다.

※ READY ※

재료와 도구 리스 틀, 꽃 철사 7개, 리본 50cm, 마 끈140cm, 가위, 솔방울

※ HOW TO MAKE ※

1. 전신 곰, 중간 버섯, 큰 버섯, 작은 버섯, 곰 얼굴, 벌꿀, 블루베리 인형과 솔방울 등을 준비한다.

2. 전신 곰 코와 엉덩이 뒷면에 꽃 철사를 끼워 넣는다. 그외 작은 인형 뒷면 꽃 철사를 끼워 넣는다.

3. 리스 틀에 인형을 배치한 뒤 꽃 철사를 조여 리스 틀에 인형들을 고정시켜준다. 그 다음 솔방울도 배치시켜 연결한다.

4. 마 끈과 리본을 장식하여 완성한다.

× 05 ×
크리스마스
오너먼트 만들기

× READY ×

재료와 도구 60cm 미니 트리, 트리 전구, 샤무드 끈 20cm 10개, 돗바늘, 가위

× HOW TO MAKE ×

1 트리에 장식할 인형을 준비한다.

2 샤무드 끈을 돗바늘에 꿰어 각 인형의 윗부분 통과시켜 매듭지어 고리를 만든다.

3 원하는 인형에 고리를 만들어 크리스마스트리에 장식한다.

× 06 ×
모빌 만들기

✕ READY ✕

재료와 도구 드리프트우드 50cm, 면실 100cm 7개, 돗바늘, 가위

✕ HOW TO MAKE ✕

층층나무, 둥근 나무, 세모 나무, 중간 버섯, 곰, 너구리, 여우 인형을 준비한다.

면실을 돗바늘에 꿰어 각 인형을 중심을 관통한 다음 한쪽 끝 부분에 매듭을 짓는다.

나뭇가지에 인형을 배치한 뒤 인형에 연결되어 있는 실을 나뭇가지에 묶어준다.

30cm 면실을 나뭇가지에 양쪽 끝 부분을 묶어서 연결하여 완성한다.

그린도토리의
숲속 동물 손뜨개

1판 1쇄 발행 2020년 10월 27일
1판 5쇄 발행 2025년 11월 10일

지은이 명주현
펴낸이 김기옥

라이프스타일팀장 이나리
편집 장윤선, 김민주
마케터 이지수
지원 고광현, 김형식

사진 한정수(studio etc)

디자인 ALL designgroup
인쇄·제본 민언프린텍

펴낸곳 한스미디어(한즈미디어(주))
주소 121-839 서울시 마포구 양화로 11길 13(서교동, 강원빌딩 5층)
전화 02-707-0337 | **팩스** 02-707-0198 | **홈페이지** www.hansmedia.com
출판신고번호 제313-2003-227호 | **신고일자** 2003년 6월 25일

ISBN 979-11-6007-541-0   13630

※ 책값은 뒤표지에 있습니다.
※ 잘못 만들어진 책은 구입하신 서점에서 교환해 드립니다.

이 책은 저작권법에 따라 보호받는 저작물이므로 무단 전재와 무단 복제를 금지하며,
책에 게재되어 있는 작품의 복제를 판매하는 것을 금지합니다.
책의 전부 또는 일부를 이용하려면 반드시 저작권자와 한스미디어(주)의 서면 동의를 받아야합니다.